U0786395

健康中国2030·专科护理健康教育系列丛书

神经内科护理健康教育

主　编　周宏珍　张晓梅　魏　琳

副主编　刘　芳　兰丽梅　程代红　邓逃生

编　者（按姓氏汉语拼音排序）

蔡丽丹（南方医科大学南方医院）
程代红（南方医科大学南方医院）
邓秋琳（南方医科大学南方医院）
邓逃生（南方医科大学南方医院）
董晓航（南方医科大学南方医院）
范　丹（南方医科大学南方医院）
高贺发（南方医科大学南方医院）
洪　婧（南方医科大学南方医院）
洪小丹（南方医科大学南方医院）
赖琳艳（南方医科大学南方医院）
兰丽梅（中山小榄医院）
李　彬（南方医科大学南方医院）
李燕惠（南方医科大学南方医院）
梁　丽（南方医科大学南方医院）
刘　芳（北京宣武医院）
罗彦嗣（南方医科大学南方医院）
孙　雁（南方医科大学南方医院）
谭庙琴（南方医科大学南方医院）
魏　琳（广东省中医院）
杨　曼（南方医科大学南方医院）
张钦缔（南方医科大学南方医院）
张未迟（北京宣武医院）
张晓梅（南方医科大学南方医院）
周宏珍（南方医科大学南方医院）

科学出版社

北　京

内 容 简 介

本书内容包括神经系统的结构与功能，疾病常见的症状和体征，神经系统常见的7类疾病包括脑血管疾病、周围神经疾病、脊髓疾病、多发性硬化、运动障碍疾病、发作性疾病、肌肉疾病，神经系统常用诊疗技术以及疾病的康复护理技术等。本书力求在结构和内容上体现思想性、科学性、先进性和实用性，以神经内科护理学的新知识、新理论、新方法为主要内容，以问答形式详细的阐述神经内科疾病护理知识点。

本书语言简练，深入浅出，通俗易懂，适合于神经内科护理人员、患者及其家属阅读，能有针对性地提高神经内科护理健康教育的质量，进而提高患者满意度。

图书在版编目（CIP）数据

神经内科护理健康教育 / 周宏珍，张晓梅，魏琳主编. —北京：科学出版社，2018.1

（健康中国2030・专科护理健康教育系列丛书）

ISBN 978-7-03-054242-7

Ⅰ. ①神… Ⅱ. ①周… ②张… ③魏… Ⅲ. ①神经系统疾病–护理 Ⅳ. ①R473.74

中国版本图书馆CIP数据核字（2017）第208283号

责任编辑：王锞韫　胡治国 / 责任校对：郭瑞芝

责任印制：徐晓晨 / 封面设计：陈　敬

科学出版社 出版

北京东黄城根北街16号

邮政编码：100717

http://www.sciencep.com

北京凌奇印刷有限责任公司印刷

科学出版社发行　各地新华书店经销

*

2018年1月第一版　开本：787×1092　1/16

2025年3月第五次印刷　印张：8

字数：219 000

定价：49.80元

（如有印装质量问题，我社负责调换）

丛书编委会

主　编　周宏珍　张广清

副主编　王莉慧　覃惠英　陈佩娟

编　者（按姓氏汉语拼音排序）

陈佩娟　邓瑛瑛　古成璠

何景萍　何利君　黄　莉

李海兰　缪景霞　覃惠英

申海燕　屠　燕　王莉慧

王　颖　谢婉花　姚　琳

张广清　张　军　张晓梅

赵志荣　甄　莉　周宏珍

周　霞

丛书前言

随着社会的进步，生活水平和文化生活的不断提高，人们对疾病护理和健康知识的需求越来越高，给护理工作提出了新的要求。同时，随着医学模式由生物学向生物-心理-社会医学的转变，护理模式也由单纯的疾病护理向以患者为中心的整体护理转变。健康教育则是整体护理中的一个重要环节，护士在健康服务体系中不仅仅是一个照护者、治疗者，而且是健康的维护者、教育者。它要求护士不仅为患者提供适当的治疗和护理，还要针对不同的患者、不同的人群开展相关疾病的健康教育，以提高患者的自控行为能力，减轻或消除患者的心理负担，促进疾病的治疗和康复。不仅有利于提高患者对医护人员的信任感，同时有利于增强患者的自我保健意识，防止疾病的复发，而且对患者在住院期间的不同阶段也会产生不同的促进作用。

目前我国护理队伍普遍存在学历偏低、年轻化、经验不足、资源分配不均等特点，如何帮助这支年轻的护理队伍在短时间内掌握疾病的基础知识及新技术的护理要点，使临床护理人员更加专业、全面地给患者或家属提供专业个性的指导成为当务之急。正是在这样的背景下，科学出版社及时组织临床护理专家出版了“健康中国 2030 · 专科护理健康教育系列丛书”，该系列丛书的出版对于推进我国当前护理工作的开展具有现实意义。第一辑共有 20 个分册，各分册间相互独立又彼此关联，涵盖了内科、外科、妇科、产科、儿科等多个学科。归纳起来，本系列丛书具有以下特色。

1. 内容丰富、涵盖面广。

2. 注重讲解各专科疾病的基本概念、发病病因、临床表现、相关检查、治疗原则、护理要点、预防保健等，对于各专科患者关心的运动、心理、社会、日常保健、调养、康复等相关的健康教育，以及大众所关心的热点问题、难点问题、常见的认识误区、容易混淆的概念做了明确的解答。

3. 全书采用问答形式，便于查阅。

4. 编写队伍由活跃在临床一线的经验丰富的护理业务骨干组成，具有较高水准，对于实际工作的指导性很强。

我们真诚地希望护理同仁们通过阅读本丛书，能提高自己的专业知识和自身素质，在实践中为患者提供优质、安全、贴心的护理。

本系列丛书的编写，我们力求准确全面，但由于水平有限，不足之处在所难免，我们真诚地希望广大读者和护理同仁批评指正，以便我们今后不断修正。

周宏珍

2017 年 6 月

前　言

随着我国神经系统疾病护理学的快速发展，在一定程度上满足了日益增长的护理需求，但在神经内科护理健康教育方面，还没有形成系统化的专著或教材，影响了护理人员、患者及其家属对疾病相关知识的学习和了解。从患者入院到出院，自始至终都贯穿着护理健康教育。护理人员接触患者的时间最多，随时都需要把自己掌握的护理知识灌输给患者及其家属，以帮助患者解除痛苦，增进与维持他们的健康，使其处于接受检查、诊断、治疗和护理的最佳身心状态。因此，我们组织了神经内科相关护理专家及资深护理人员编写了《神经内科护理健康教育》一书。

本书内容包括神经系统的结构与功能，疾病常见的症状和体征，神经系统常见的 7 类疾病包括脑血管疾病、周围神经疾病、脊髓疾病、多发性硬化、运动障碍疾病、发作性疾病、肌肉疾病，神经系统常用诊疗技术以及疾病的康复护理技术等。以神经内科护理学的新知识、新理论、新方法为主要内容，以问答形式详细的阐述神经内科疾病护理知识点，便于阅读，并力求在结构和内容上体现思想性、科学性、先进性和实用性。本书语言简练，深入浅出，通俗易懂，适合于神经内科护理人员、患者及其家属阅读，能有针对性地提高神经内科护理健康教育的质量，更好地服务于临床护理人员，并为患者及其家属提供最新的护理专业理论和指导，进而提高患者满意度。

限于自身水平，不当和疏漏之处在所难免，恳请读者批评指正。

张晓梅
2017 年 6 月

目　　录

第一章　神经系统结构与功能

一、神经系统由哪两大部分组成？各包括哪些结构？各主管什么？

神经系统由中枢神经系统和周围神经系统两大部分组成。中枢神经系统包括脊髓、脑等结构，主管传递神经冲动。周围神经系统包括脊神经、脑神经和内脏神经，主管分析综合体内外环境传来的信息。

二、脑包括哪 4 部分？各自组成是什么？

脑包括大脑、间脑、脑干和小脑 4 部分。大脑由大脑半球、基底核和侧脑室组成，间脑由丘脑和下丘脑组成，脑干由中脑、脑桥和延髓组成，小脑由小脑半球和小脑蚓部组成。

三、大脑半球的功能是什么？

左侧大脑半球在语言、逻辑思维、分析能力及计算能力方面起决定性作用，右侧大脑半球主要在音乐、美术、空间和形状的识别、综合能力、短暂的视觉记忆等方面起决定性作用。

四、下丘脑的功能是什么？

下丘脑对体重、体温、代谢、饮食、生殖内分泌、睡眠和觉醒的生理调节起重要作用，同时也和人的行为和情绪有关。

五、小脑的功能是什么？

小脑的功能为调节肌肉张力、维持身体平衡、控制姿势步态和协调随意运动。病变时可引起共济失调、平衡障碍和构音障碍。

六、脑干损伤的特点是什么？

脑干损伤是一种严重的甚至是致命的损伤，有 10%～20%的重型颅脑损伤伴有脑干损伤。因为脑干内有呼吸、循环等生命中枢，故其致残率和死亡率极高。

七、脑动脉由哪两大部分组成？各包括哪些分支结构？

脑动脉由颈内动脉系统和椎-基底动脉系统两大部分组成，两者之间由脑底动脉环（Willis cycle，Willis 环）相通。颈内动脉系统的主要分支有眼动脉、后交通动脉、脉络膜前动脉、大脑前动脉、前交通动脉、大脑中动脉；椎-基底动脉系统的主要分支有小脑后下动脉、小脑前下动脉、内听动脉、脑桥支、小脑上动脉、大脑后动脉。

八、正常脑脊液（CSF）的量、压力是多少？

正常成人脑脊液（cerebrospinal fluid，CSF）的量为 110～200ml，其产生速率为 0.3～0.5ml/min，日分泌量在 400～500ml。正常成人脑脊液的压力为 80～180mmH_2O。

九、脑脊液的功能有哪些？

脑脊液不断产生又不断被吸收回流至静脉，在中枢神经系统起着淋巴液的作用。它供应脑细胞一定的营养，运走脑组织代谢产物，调节中枢神经系统酸碱平衡，并缓冲脑和脊髓内的压力，对脑和脊髓具有保护和支持作用。

十、脑部血液供应的特点是什么？

颈内动脉系统供应眼部和大脑半球前 3/5 部分的血液，椎-基底动脉系统供应小脑、脑干和大脑半球后 2/5 部分的血液。Willis 环对颈内动脉系统和椎-基底动脉系统之间，特别是两侧大脑半球的血液供应具有重要的调节和代偿作用。

十一、脑血流的调节方式是什么？

当平均动脉压在60～160mmHg范围内变化时，随着周围动脉血压的升降，脑血管自动收缩和舒张，保证脑血流恒定，称为脑血流的自动调节。与脑血流量调节有关的因素包括脑灌注压、脑血管阻力、化学和神经因素、血液黏滞度等。

十二、什么是神经系统疾病？

神经系统疾病是指神经系统与骨骼肌由于血管性病变、感染、变性、肿瘤、外伤、中毒、免疫障碍、遗传因素、先天发育异常、营养缺陷和代谢障碍等所致的疾病。主要表现为运动、感觉和反射障碍，如病变累及大脑时，常出现意识障碍和精神症状。

十三、神经系统疾病主要有哪些？

神经系统疾病主要包括以下7类疾病：①脑血管疾病如短暂性脑缺血发作、脑梗死、脑出血等。②周围神经病如三叉神经痛、面神经炎、格林巴利等。③脊髓疾病如急性脊髓炎、脊髓压迫症等。④多发性硬化。⑤运动障碍疾病。⑥发作性疾病如癫痫、偏头痛等。⑦肌肉疾病。

十四、神经系统疾病的特点是什么？

神经系统疾病具有起病急、病情重、症状广泛而复杂的特点，在我国城市居民主要疾病死因前十位中，神经系统疾病中的脑血管疾病位居第二，仅次于恶性肿瘤。

第二章　神经系统疾病患者常见症状体征

一、神经系统疾病常见的症状有哪些？

神经系统疾病常见症状包括意识障碍、认知障碍、运动障碍、感觉障碍和平衡障碍等多种表现。

二、什么是头痛？

头痛指额部、顶部、枕部和颞部的疼痛。颅内的血管、神经和脑膜以及颅外的骨膜、血管、头皮、颈肌、韧带等均为头痛的敏感结构，凡这些敏感结构受挤压、牵拉、移位、炎症、血管扩张或痉挛、肌肉紧张性收缩等因素影响均可引起头痛。

三、头痛主要分为哪 4 类？

头痛主要分为偏头痛、紧张性头痛、药源性头痛、丛集性头痛 4 类。

四、什么是偏头痛？

偏头痛是临床最常见的原发性头痛类型，其特征性是发作性，多为偏侧、中重度、搏动样头痛，一般持续 4～72 小时，可伴有恶心、呕吐，光、声刺激或日常活动均可加重头痛，安静环境、休息可缓解头痛。偏头痛是一种常见慢性神经血管性疾病，患病率为 5%～10%。

五、什么是紧张性头痛？

紧张性头痛又称肌肉收缩性头痛，是双侧枕部或全头部紧缩性或压迫性头痛，占头痛疾患的 40%左右，是慢性头痛中最常见的一种。其发病与社会心理压力、焦虑、抑郁、精神因素、肌肉紧张、滥用止痛药物等因素有关。

六、什么是药源性头痛？

药物过度使用性头痛，曾被称为药源性头痛、药物无用性头痛，是仅次于紧张性头痛和偏头痛第三大常见的头痛类型，患病率为 1%～2%。头痛患者在发作期过度急性对症用药，将促使原有头痛如偏头痛或紧张性头痛转为慢性，病情往往较为严重，致残率和疾病负担较高。

七、什么是丛集性头痛？

丛集性头痛是一种原发性神经血管性头痛，表现为一侧眼眶周围发作性剧烈疼痛，有反复密集发作的特点，伴有同侧眼结膜充血、流泪、瞳孔缩小、眼睑下垂以及头面部出汗等自主神经症状，常在一天内固定时间发作，可持续数周至数月。

八、什么是高颅压性头痛？

高颅压性头痛是颅内压增高综合征的主要症状之一，是由于颅内压增高使脑膜及颅内血管壁痛敏结构受到刺激、牵拉或压迫所致。

九、导致头痛常见的颅外因素有哪些？

颅外因素引起时头痛可以是急性发作，也可以是慢性持续性发作。

1. 眼源性头痛　因青光眼、虹膜炎、视神经炎、眶内肿瘤等眼部疾患以及屈光不正而引起的头痛，常见于眼眶周围及前额，一旦眼部疾病治愈，头痛也将缓解。

2. 耳源性头痛　因急性中耳炎、外耳道疖肿、乳突炎等引起，表现外单侧颞部持续性或搏动性头痛，常伴有乳突压痛。

3. 鼻源性头痛　鼻窦炎症常引起前额部头痛，可伴有发热、鼻腔脓性分泌物等。

4. 神经性头痛　亦称精神性头痛，其部位不固定，表现为持续性闷痛，常伴有心悸、多梦、多虑、紧张、失眠等症状。

十、头痛的病情观察要点是什么？

观察患者头痛性质、部位、持续时间、频率及程度，了解患者头痛的原因，以及是否伴有其他症状或体征，老年人注意观察血压变化。如头痛伴有呕吐、视力降低、神志变化、肢体抽搐或瘫痪等多为器质性头痛，应及时与医师联系，针对病因进行处理。

十一、头痛的常用药物有哪些？

头痛的常用药物有芬必得、阿司匹林、麦角胺咖啡因、氟桂利嗪（西比灵）、氨酚双氢可待因（路盖克）、罗痛定、尼莫地平、索米痛（去痛片）、血塞通等等。

十二、芬必得的作用和不良反应分别是什么？

芬必得为解热、镇痛、抗炎药物，口服可缓解头痛，不良反应少，一般为肠胃不适或皮疹。注意不可自行长期、大量用药，过敏者慎用，不可同时服用其他解热镇痛药物，必须整粒吞服，不可打开或溶解后服用。

十三、路盖克的作用和不良反应分别是什么？

路盖克广泛应用于各种疼痛，口服 1～2 片可缓解头痛，不良反应少，过敏者、颅脑损伤者、有呼吸抑制患者禁用，肝肾损伤者慎用。

十四、罗痛定的作用和不良反应是什么？

罗痛定为非麻醉性镇痛药，具有镇痛、镇静、催眠、安定作用，镇痛作用比一般解热镇痛药物强，可口服或肌肉注射，用药 10 分钟出现镇痛作用，并可维持 2～5 小时。可出现嗜睡、乏力等不良反应，不可长期用药，可致耐受性。

十五、头痛的用药护理要点是什么？

指导患者按医嘱服药，告知药物的不良反应、用药注意事项，特别是止痛等药物，需要让患者了解药物依赖性及成瘾性的特点及长期用药的不良反应，如大量长期使用止痛药物可导致药物依赖成瘾。

十六、头痛的饮食护理要点是什么？

头痛患者要注意饮食的合理性，应避免应用致敏药物及某些辛辣刺激的食物、煎炸的食物以及酪胺含量高的易诱发偏头痛的食物，如巧克力、乳酪、柑橘、酒精类食物，多食富含维生素 B_1 的谷类、豆类食物以及新鲜水果、蔬菜等，并戒烟戒酒。

十七、头痛患者如何注意休息？

家属或者患者自己制订合理的生活作息制度，并严格按照制度作息，保证充足的休息和睡眠时间。患者应行午睡，晚间休息前不宜饱食、吸烟、饮浓茶或做过量的运动，用热水泡澡或用热水泡脚，创造一个安静的休息环境，以降低大脑皮质兴奋性，使之尽快进入睡眠状态。

十八、头痛的心理护理要点是什么？

紧张性头痛虽然在症状上表现为躯体疾病，但发病和演变均与心理因素密切相关。因此，头痛患者必须善于调节自己的情绪，尽量保持稳定、乐观的心理状态，放松紧绷的神经，以减轻或消除不良情绪对大脑神经的刺激，防止诱发紧张性头痛。

十九、什么是意识？

意识是个体对周围环境及自身状态的感知能力。意识是中枢神经系统对内外环境中的刺激所做出的有意义的应答，它通过人的语言、躯体运动和行为表达出来，使人体能正确而清晰地认识自我和周围环境，对各种刺激均能做出迅速、正确的反应，当这种应答能力减退或消失时可导致不同程度的意识障碍。

二十、什么是意识障碍？

意识障碍是指人对周围环境及自身状态的识别和觉察能力出现障碍。意识障碍可分为觉醒度下降和意识内容变化两方面。前者表现为嗜睡、昏睡和昏迷；后者表现为意识模糊和谵妄等。意识的维持依赖于大脑皮质的兴奋，脑干上行网状激活系统接受各种感觉信息的侧支传入，发放兴奋从脑干向上传至丘脑的非特异性核团，再由此弥散投射至大脑皮质，使整个大脑皮质保持兴奋，维持觉醒状态。因此，上行网状激活系统或双侧大脑皮质损害均可导致意识障碍。

二十一、如何判断临床意识水平？

意识水平的分类方法，不同国家、不同医院都有其不同的标准。但对意识水平的判断方法，总的原则是采用不同性质不同强度的刺激作用于患者的不同感受器，以观察患者对这些刺激的反应情况，从而判断意识水平。常用的意识水平判断方法是格拉斯格昏迷测定法（Glasgow Coma Scale，GCS），这种测定法是国际通用的对颅脑外伤患者的意识水平评定法。其标准是根据患者睁眼、语言、运动反应三项，每项再分为4～6个等级，以计分法对意识障碍患者意识状态进行评定。其优点是即使是经验不同的临床医师或护士，亦可得到同样结果，具有很高的一致性。

二十二、如何应用GCS评分评价患者意识障碍的程度？

GCS评分评价意识障碍的程度，最高15分，最低3分，分数越低，昏迷程度越深。通常8分以上恢复机会较大，7分以下预后不良，3～5分并伴有脑干反射消失者有潜在死亡危险。

GCS评分评价有一定局限性：对眼肌麻痹、眼睑肿胀者不能评价其睁眼反应；对气管插管或气管切开者不能评价其语言活动；四肢瘫患者不能评价其运动反应。GCS量表见表2.1。

表2.1　GCS昏迷评定量表

检查项目	临床表现	评分
A　睁眼反应	自动睁眼	4
	呼之睁眼	3
	疼痛引起睁眼	2
	不睁眼	1
B　语言反应	定向正常	5
	应答错误	4
	言语错乱	3
	言语难辨	2
	不语	1
C　运动反应	能按指令发出动作	6
	对刺激能定位	5
	对刺激能躲避	4
	刺痛肢体屈曲反应	3
	刺痛肢体过伸反应	2
	无动作	1

二十三、以觉醒程度为主的意识障碍包括哪些？

1. 嗜睡　是意识障碍的早期表现。患者表现为睡眠时间过度延长，但能被唤醒，醒后可勉强配合检查及回答简单问题，停止刺激后患者又继续入睡。

2. 昏睡　是一种比嗜睡较重的意识障碍。患者处于昏睡状态，正常的外界刺激不能使其觉醒，须经高声呼唤或其他较强烈刺激方可唤醒，对言语的反应能力尚未完全丧失，可作含糊、简单而不完全的答话，停止刺激后又很快入睡。

3. 昏迷 昏迷是一种最为严重的意识障碍。患者意识完全丧失，各种强烈刺激不能使其觉醒，无有目的的自主活动，不能自发睁眼。

二十四、昏迷按严重程度可分为哪3级？

1. 浅昏迷 意识完全丧失，仍有较少的无意识自发动作。对周围事物及声、光等刺激全无反应，对强烈刺激如疼痛刺激可有回避动作及痛苦表情，但不能觉醒。吞咽反射、咳嗽反射、角膜反射以及瞳孔对光反射刺激仍然存在。生命体征无明显改变。

2. 中昏迷 对外界的正常刺激均无反应，自发动作很少。对强刺激的防御反射、角膜反射和瞳孔对光反射减弱，大小便潴留或失禁。此时生命体征已有改变。

3. 深昏迷 对外界刺激均无反应，全身肌肉松弛，无任何自主运动。眼球固定，瞳孔散大，各种反射消失，大小便多失禁。生命体征已有明显改变，呼吸不规则，血压或有下降。

二十五、瞳孔检查包括什么内容？

瞳孔检查包括瞳孔外观以及瞳孔反射的检查。外观检查包括瞳孔的大小、形状、对称性以及直接、间接对光反射。一般瞳孔大小为直径3～5mm，双侧等大等圆，直接、间接对光反射灵敏。

二十六、瞳孔异常的临床意义有哪些？

一侧瞳孔散大、固定提示该侧动眼神经受损，常为钩回疝所致；双侧瞳孔散大和对光反应消失提示中脑受损、脑缺氧和阿托品中毒等；双侧瞳孔针尖样缩小提示脑桥被盖损害、脑桥出血、有机磷中毒和吗啡类药物中毒等；一侧瞳孔缩小见于 Horner 征，如延髓背外侧综合征或颈内动脉夹层等。

二十七、意识障碍患者的护理要点是什么？

意识障碍可发生于多种精神疾病，可导致多种精神症状，应分别按各种症状的护理原则进行护理。

1. 观察患者的意识状态 功能性精神病可出现精神障碍，但意识障碍也是某些躯体疾患的重要指征。如果不注意观察，易混淆或忽略而延误病情。所以在护理中要密切观察患者意识状态的变化，尤其对新入院的患者及伴有躯体疾病的患者应注意早期观察，掌握病情变化，早发现早治疗。

2. 安置和管理 伴有意识障碍的患者，失去生活自理和自卫能力，还可能危及他人的安全。要按病情特点安排于重症病室或单间病房，病室要安静、空气新鲜，布置力求简单，光线柔和、暗淡，防止不良的刺激，避免激惹患者，使其舒适安全。

3. 了解引起意识障碍的原发疾病

4. 观察意识障碍的程度变化 如果发现患者的意识障碍程度加深应立即报告医师。

二十八、言语障碍可以分为哪2种类型？

言语障碍分为失语症和构音障碍2种类型。

1. 失语症 是脑损害导致的语言交流能力障碍，包括语言表达和理解能力受损或丧失。

2. 构音障碍 是纯口语语言障碍，患者具有语言交流必备的语言形成及接受能力，听、理解、阅读和书写正确，只是由于发音器官神经肌肉病变导致运动不能或不协调，使言语形成障碍，表现为发音困难、语言不清、音调及语速异常等。

二十九、失语患者语言康复训练的护理要点是什么？

1. 鼓励患者大声说话 选择感兴趣的话题，激发患者进行语言交流的欲望，患者进行尝试和获取成功时给予鼓励。

2. 选择适当的时机和训练方法 可以在散步时、做家务时或休闲娱乐时进行，以实物为教具，寓教于乐。对不能很好理解语言的患者，配以手势或实物一起交谈，通过语言与逻辑性的结合，训练患者理解语言的能力；对说话有困难的患者可以借用书写方式来表达；对失去阅读能力的患者应将日常用语、短语、短句写在卡片上，由简到繁、由易到难、由短到长教其朗读。

3. 要持之以恒 告知家属在对患者进行语言训练时要有耐心，由浅入深，循序渐进，切不可急于求成，应逐渐丰富其内容，增加刺激量，才能达到语言逐渐恢复的目的。

三十、失语患者心理护理要点是什么？

患有失语症的患者容易丧失对生活的勇气，可能表现为抑郁或躁狂易怒，此时患者心里异常脆弱与敏感，也最需要护理人员及家属充满爱心的帮助。应多与患者交谈，能正确理解患者的问题并及时、耐心的解释，直至患者理解为止；护理过程中给患者列举治疗效果好的病例，使其树立战胜疾病的信心，避免出现悲观、失望的情绪；针对患者的积极态度，如一声最简单的语言“是”或“不是”，只要患者有进步就要给予及时的肯定和表扬，患者会从赞扬的表情和语言中得到安慰和自信，从而增强语言训练的勇气和信心。

三十一、失语患者语言康复训练的具体方法有哪些？

1. 训练患者利用口形和声音支配控制唇舌发音 对于完全失语，不能随意支配自己唇舌发出想要发的声音的重度、中度运动性失语患者，训练开始时先教会患者通过口形和声音支配和控制自己的唇舌运动练习发音，即训练者先做好口形、产音示范，然后指导患者通过镜子观察自己发音时的口形来纠正发音错误或通过录音机将自己的发音与正确的发音作比较订正。先练习最容易见效的韵母和声母，逐渐过渡到近似音的分化训练。

2. 指导患者跟读语言训练 将日常生活用词组、句子制成适宜患者跟读的录音，每次录音有30分钟练习内容，每练习2～3分钟间隔15秒。录音可配有背景音乐，起始处均有一段鼓励、暗示病人进行语言康复训练的录音。中度、轻度运动性失语的患者即可通过录音跟读语言训练进行听说练习，改善发音。

3. 加强言语肌肉训练，促进发音准确 运动性失语患者，特别是失语超过1个月者，与发音有关的肌肉有不同程度的失用性萎缩，致使患者言语含糊不清。训练时重点练习患者舌及口腔其他肌肉的协调运动，如反复练习卷舌及舌的左右运动（以舌尖舔两侧腮部）、鼓腮、嗑瓜子、嚼口香糖等，以促进患者发音准确。

4. 定期检查，肯定成绩，抓住弱点，强化训练 每3天检查评估患者口语表达情况1次，并给予打分用曲线描绘记录，充分肯定患者训练成绩。同时抓住发音弱点进行针对性练习，必要时由训练者对患者进行单独强化训练。如一患者，有声母“b、p”音的字难念，主要是由于口腔内气流不足造成，则反复训练患者鼓气，一天即见效。

三十二、什么是感觉障碍？

感觉障碍指机体对各种形式刺激，如痛、温度、触、压、位置、震动等，无感知或感知减退或异常的一组综合征。

三十三、感觉障碍分哪几种类型？

临床上将感觉障碍分为抑制性症状和刺激性症状两大类。抑制性症状指感觉传导通路受到破坏或功能受到抑制，出现感觉缺失或减退；刺激性症状指感觉传导通路受刺激或兴奋性增高，出现刺激性症状，如感觉过敏、感觉过度、感觉异常、感觉倒错、疼痛。

三十四、感觉障碍抑制性症状有哪些？

感觉路径破坏使功能受到抑制，出现感觉（痛觉、温度觉、触觉和神经感觉）减退或缺失。一个部位各种感觉缺失，称完全性感觉缺失；在意识清醒的情况下，某部位出现感觉障碍而该部位其他感觉保存者称分离性感觉障碍；患者深感觉正常，但无视觉参加情况下，对刺激部位、物体形状、重量等不能辨别者，称皮质感觉缺失；当一神经分布区有自发痛，同时又存在痛觉减退者，称痛性痛觉减退或痛性麻痹。

三十五、感觉障碍刺激性症状有哪些？

1. 感觉过敏 指一般情况下对正常人不会引起不适感觉或只能引起轻微感觉刺激，患者却感觉非常强烈，甚至难以忍受。常见于浅感觉障碍。

2. 感觉过度 一般发生在感觉障碍的基础上，具有以下特点：①潜伏期长，刺激开始后不能立即感知，必须经历一段时间才出现；②感受性降低，兴奋阈增高，刺激必须达到一定的强度才能感觉到；③不愉快的感觉，患者所感到的刺激具有暴发性，呈现一种剧烈的、定位不明确的、难以形容的不愉快感；④扩散性，刺激有扩散趋势，单点刺激患者可感到是多点刺激并向四周扩散；⑤延时性，当刺激停止后在一定时间内患者仍有刺激存在的感觉，即出现后作用，一般为强烈难受感觉，常见于烧灼性神经痛、带状疱疹疼痛、丘脑血管性疾病。

3. 感觉倒错 指对刺激产生的错误感觉，如冷的刺激产生热的感觉，触觉刺激或其他刺激误认为痛觉等。常见于顶叶病变或癔症。

4. 感觉异常 指在没有任何外界刺激的情况下，患者感到某些部位有蚁行感、麻木、瘙痒、重压、针刺、冷热、肿胀，而客观检查无感觉障碍。常见于周围神经或自主神经病变。

5. 疼痛 是感觉纤维受刺激时躯体感觉，是机体的防御机制。

三十六、疼痛分哪几种类型？

1. 局部疼痛 指病变部位的局限性疼痛。

2. 放射性疼痛 疼痛不仅发生于局部，可扩展到受累感觉神经的支配区，如椎间盘突出压迫引起的痛性麻木。

3. 扩散性疼痛 由一个神经分支疼痛扩散到另一个神经分支而产生的疼痛，如手指远端的挫伤疼痛扩散到整个上肢，甚至扩散到枕颈部。

4. 灼性神经痛 一种烧灼样剧烈疼痛，迫使患者用冷水浸湿患肢，多见于正中神经和坐骨神经受伤后。

5. 牵涉性疼痛 也可看做一种扩散性疼痛，内脏有疾病时，体表部分出现感觉过敏区，表现为压痛点或疼痛。

三十七、感觉障碍患者感知觉紊乱的护理要点是什么？

脑卒中患者在急性期过后，往往将注意力集中于发病后的并发症、后遗症的恢复情况，导致情绪失调。此时护理人员应该鼓励患者表达其恐惧与关切，注意倾听，与患者讨论疾病的症状、治疗过程，讨论健康状态的改变对自尊的影响，建议患者寻求切实可行支持系统，积极配合治疗和护理。在这些充分交流的基础上，告诉患者及其家属偏瘫及偏身感知觉障碍的康复意义，解释各种刺激的感受，教会他们促进感知觉的恢复方法。

感知觉训练 3 次/天，用温水擦洗感觉障碍的部位，以促进血液循环和恢复。指导患者有规律的肢体主动活动，患者及照顾者经常进行肢体按摩及被动活动训练；可提供球、笔、硬币、积木块、几何图形进行触摸、辨认及抓握等训练；有视野缺损者应鼓励其多作朗读练习，患者阅读时可以在每一行的下面画线，提示患者读完一整行后再读下一行，提供一面镜子给予日常活动能力的视野提示；将食物切成小块放于盘中便于患者食用；和患者一起动手操作或进行涂画、写字训练等；用言语鼓励患者取得的成绩，恢复其早日康复的信心；练习行走时，要穿柔软的布鞋（不要穿拖鞋），应搀扶患者并清除活动范围内的障碍物等，防止感觉障碍部位受损；使用热水袋时应先用健侧手测水温；注意肢体保暖，但慎用热水袋，以防止烫伤；将呼叫器置于患者健侧，以便于患者有事及时呼叫；教会患者使用代偿方法，减少损伤机会，如转动头部、用眼睛扫视等；教会患者检查皮肤的方法，告诉其局部长期受压可能出现的结果。

三十八、感觉障碍的训练方法有哪些?

1. 良肢位保持和体位转换训练　以患侧卧位为主，转换体位时提醒患者注意感觉障碍的肢体，使其逐渐察觉到身体部位的改变。

2. 浅感觉障碍的感觉再训练　用大头针适度刺激患侧肢体，训练对痛觉的认知；用棉签训练轻触觉；用冷热毛巾擦敷训练温度功能，并结合 Rood 技术给予患侧肢体轻怕、叩打、轻微触摸、逆毛发方向快速擦患肢皮肤、短时间冰敷刺激等。

3. 手的抓握训练　经常使用木丁盘，在木丁外侧用各种材料缠绕，如砂纸、棉布、毛织物、橡胶皮、铁皮等，在患者抓握木丁时，各种材料对患者末梢的感觉刺激和视觉的参与可提高其中枢神经的感知觉能力。

4. 患侧上肢的负重训练　是改善上肢运动功能的训练方法之一。患侧上肢负重时，可在支持面下铺垫不同材料的物品，如木板、金属板、棉布、绒布等，可在无形中对手掌施加各种各样的感觉刺激。

三十九、深感觉障碍的训练方法有哪些?

1. 在关节活动训练中，于不同位置、方向短暂施加阻力及适当负重，并适当做肢体定位及控制训练。

2. 在患侧各关节处使用弹性绷带缠绕后，进行被动和主动运动。

3. 将音叉放置于关节骨隆起处训练振动觉，用手轻捏手指、脚趾远端两侧并做不同方向运动，让患者感觉并判断。

4. 书写练习也是一项有效的训练内容，起初按要求画线，画圆滑的曲线较画直线易。当患者可较好地运用笔后，可用线格纸，指示患者将字写入格内。

四十、复合感觉障碍的训练方法有哪些?

1. 对实体感觉障碍患者，当指尖感觉有所恢复时，在布袋中放入日常熟悉的物体，如手表、钥匙等，通过探拿训练实体感觉。

2. 将木钉盘上木钉用各种不同材料缠绕一层，对感觉障碍明显的患者指导其抓握最粗糙的木钉，随着感觉功能的改善逐渐减轻刺激，直至能闭眼通过手辨别不同缠绕物，并说出其名称；患者能站立后，在其足底放置不同质地的垫子，让患者感受并判断。

四十一、什么是运动功能?

运动功能有随意运动和不随意运动两类。随意运动是有意识的，能随自己的意志进行的运动，又称自主运动。不随意运动指内脏运动神经和血管运动神经所支配的心肌、平滑肌的运动，是不经意识、不受自己意志控制的运动。一般所说的运动指随意运动。

四十二、什么是运动障碍?

运动障碍主要是指自主运动的能力发生障碍，动作不连贯、不能完成，或完全不能随意运动，随意运动兴奋、抑制或不能由意志控制的现象，常见于神经系统疾病、精神障碍、外伤等。可分为瘫痪、僵硬、不随意运动和共济失调等。

四十三、按瘫痪形式可将瘫痪分为哪几种类型?

按瘫痪形式可将瘫痪分为痉挛性瘫痪和弛缓性瘫痪。患肢肌张力增高者称痉挛性瘫痪，又称为上运动神经元瘫、中枢性瘫痪、硬瘫；患者肌张力降低者称迟缓性瘫痪，又称下运动神经元瘫、周围性瘫痪、软瘫。

四十四、按临床表现可将瘫痪分为哪几种类型?

按临床表现，可将瘫痪分为偏瘫（一侧面部或肢体瘫痪）、交叉性瘫痪（病变侧脑神经麻痹和对侧的肢体瘫痪）、四肢瘫（四肢不能运动或肌力减退）、截瘫（双下肢瘫痪）、单瘫（单个肢体的运动不能或运动无力，多为一个上肢或一个下肢）、局限性瘫痪（为某一神经根支配区或某些肌群无力）。

四十五、什么是僵硬？

指肌张力增高所引起的肌肉僵硬、活动受限或不能活动的一组综合征。由中枢神经、周围神经、肌肉及神经肌肉接头病变所引起，临床上包括痉挛、僵直、强直等几种不同的表现。

1. 痉挛　主要为肌张力增高的表现。

2. 僵直　指某些神经末梢，神经肌肉接头病变引起的躯干、肢体等肌肉的僵直，见于破伤风、僵人综合征等。

3. 强直　指骨骼肌随意运动起动困难、僵硬，临床上表现为握手时不易松开，起步时第一步迈不开，坐下后突然起立时站不起来，临床上见于先天性肌强直、强直性肌病等。

四十六、什么是不随意运动？

不随意运动是患者意识清醒时（有时也可发生在轻度意识障碍或浅昏迷时）出现不能控制的面、舌、躯干等骨骼肌不正常运动，表现为震颤、舞蹈、手足徐动、扭转痉挛、投掷动作等，一般在情绪激动时加重，睡眠时停止。

四十七、什么是共济失调？

指小脑、本体感觉以及前庭功能障碍导致的运动笨拙和不协调，累及躯干、四肢和咽喉肌时可引起身体平衡、姿势、步态及言语障碍。

四十八、共济失调根据病变部位可分哪 3 种类型？

1. 小脑性共济失调　表现为肢体性的共济失调，多伴有眼球震颤、肌张力低下、言语不清等。

2. 大脑性共济失调　表现与小脑性共济失调相似，但症状较轻。

3. 脊髓性共济失调　表现为双下肢位置觉、压觉、震动觉等消失，以至于走路时呈醉汉步态，闭目或黑暗中站立不稳。

四十九、什么是肌张力？

是肌肉松弛状态的紧张度和被动运动时遇到的阻力。检查时嘱患者肌肉放松，触摸感受肌肉硬度，并被动屈伸肢体感知阻力。

五十、肌力的具体分级是什么？

肌力可分为 0～5 级共 6 级；检查时让患者依次做有关肌肉收缩运动，检查者施予阻力，或嘱患者用力维持某一姿势时，检查者用力改变其姿势，以判断肌力。具体分级如下：

0 级：完全瘫痪，肌肉无收缩；

1 级：肌肉可收缩，但不能产生动作；

2 级：肢体能在床面上移动，但不能抵抗自身重力，即不能抬起；

3 级：肢体能抵抗重力离开床面，但不能抵抗阻力；

4 级：肢体能做抵抗动作，但不完全；

5 级：正常肌力。

五十一、Barthel 指数的内容和意义是什么？

Barthel 指数的内容包括进食、床与轮椅转移、个人卫生、如厕、洗澡、步行、上下楼梯、穿衣、大便控制、小便控制共 10 项内容，总分 100 分，每项内容评分分值为 2～4 个等级（0 分，5 分；0 分，5 分，10 分；0 分，5 分，10 分，15 分）。依据所得总分评定患者日常生活活动能力，判断患者对护理的依赖程度，如下：

1. 得分 0 分～40 分　为重度依赖，对此类患者应结合病情开一级护理甚至特级护理。

2. 得分 41 分～60 分　为中度依赖，应结合病情采取二级护理。

3. 得分 61 分～99 分　为轻度依赖，应结合病情采取二级护理或三级护理。

4. 得分 100 分　为无需依赖，应结合病情采取三级护理。

五十二、运动障碍患者的护理要点是什么？

1. 生活护理　指导或帮助患者完成进食、洗漱、大小便、穿脱衣服及个人卫生等日常生活；协助患者翻身和保持床单位整洁；满足患者的基本生活需要。

2. 保护性措施　患者床周边应有护栏，防止坠床；走廊、厕所要装扶手；地面保持平整干燥，防湿；恢复期患者练习行走时，应搀扶患者，并清除活动范围内的障碍物。

3. 心理护理　鼓励患者正确对待疾病，消除忧郁、恐惧心理或悲观情绪，摆脱对他人的依赖心理；关心患者，避免任何刺激和伤害其自尊的言行，尤其在帮助患者进食、洗澡和处理大小便时不要流露出厌烦情绪；多与患者交谈，鼓励患者正确对待疾病，克服困难，增强患者自我照顾能力与自信心，保持自强、自尊的良好心态。

五十三、常见的肢体功能位有哪 3 种？

1. 健侧卧位　健侧肢体在下方，患侧上肢向前伸，抬起肩胛骨，肩关节屈曲呈 90°，胸前放置一枕头，肩、肘关节放置于枕头上如抱物状，腕关节轻度屈曲，手指伸展，患侧下肢髋、膝关节屈曲，置于枕头上。健侧下肢髋关节伸展，膝关节轻度屈曲。

2. 患侧卧位　患侧肢体在下方，肩胛骨向前伸，肩关节屈曲呈 90°，上肢伸直，手掌面朝上，手指伸展，患侧下肢伸展，膝关节轻度屈曲，踝关节轻度跖屈。健侧下肢髋关节屈曲呈90°，膝关节屈曲呈 90°，下垫一软枕，踝关节呈跖屈位。患侧卧位，可使偏瘫侧关节早期受到一定压力，增加本体感觉的输入，有利于缓解异常痉挛模式。

3. 仰卧位　头部放在枕头上，面朝患侧，枕头高度要适当，双上肢置于身体两侧，患侧肩关节置于外旋、外展位，下垫一软枕，手臂尽量伸直，手指伸展或微屈，拇指外展，手心可握一毛巾卷以防止手指屈曲，下肢伸直，腘窝下放一小枕，使膝关节微屈，脚下放置足托，以防足下垂、内翻。

五十四、患者的体位主要有哪 3 种？

1. 自动体位　身体活动自如，不受限制。

2. 被动体位　患者不能自己调整或变换身体的位置。

3. 强迫体位　患者为减轻痛苦，被迫采取某种特殊的体位。临床上常见的强迫体位可分为强迫仰卧位、强迫俯卧位、强迫侧卧位、强迫坐位、强迫蹲位、强迫停立位、辗转体位、角弓反张位。

五十五、翻身的意义是什么？

翻身即体位变换，主要是躯干的旋转，能刺激全身的反应与活动，是抑制痉挛、减少患侧受压、减少压疮等并发症发生最具意义的活动。偏瘫、截瘫的患者一般 2～3 小时需要翻身 1 次，最长不能超过 4 小时，身体条件较差者，可适当增加翻身频率。

五十六、床上运动训练的具体方法有哪些？

1. Bobath 握手　教会患者如何放松上肢和肩胛的痉挛，并保持关节的被动上举，可避免手的僵硬收缩，同时也使躯干活动受到刺激，对称性运动和负重得到改善。应鼓励患者每天多次练习。

2. 桥式运动（选择性伸髋）　训练用患腿负重，抬高和放下臀部，为患者行走做准备，可以防止患者在行走中膝关节锁住（膝过伸位）。

3. 关节被动运动　进行每个关节各方位的被动运动，可维持关节活动度，以防关节僵硬和肢体挛缩畸形。

4. 起坐训练　鼓励患者尽早从床上坐起来，由侧卧位开始，健足推动患足，将小腿移动至床缘，坐位时应保持患者躯干直立，可用大枕头垫于背后，髋关节屈曲 90° ，双上肢置于移动桌上，防止躯干后仰，肘部及前臂下方垫软枕以防止肘部受压。轮椅活动时，应在轮椅上放一桌板，以保持手不悬垂在一边。

五十七、什么是吞咽障碍？

是由于下颌、双唇、舌、软腭、咽喉、食管括约肌或食管功能受损，不能安全有效地把食物由口送到胃内以取得足够营养和水分的进食困难。

五十八、洼田饮水试验如何评估？

洼田饮水试验常用于患者吞咽功能障碍评估，一般在患者入院后 24 小时内，应进行首次洼田饮水试验床旁评估。评估方法如下：

患者取坐位，按习惯自己喝下 30ml 温开水，护士观察其所需时间及呛咳等情况，据此将吞咽功能分为 5 级：

1 级：5 秒内 30ml 温水能顺利地 1 次咽下；

2 级：5～10 秒内分 2 次以上不呛咳地咽下；

3 级：5～10 秒内能 1 次咽下，但有呛咳；

4 级：5～10 秒内分 2 次以上咽下，有呛咳；

5 级：屡屡呛咳，10 秒内全量咽下困难。

五十九、什么是误吸？

误吸是指来自胃、食管、口或鼻的物质从咽进入气管的过程。这些物质可以是固体，如食物或异物；也可以是液体，如血液、唾液或胃肠内容物。呕吐或反流是胃内容物误吸的主要原因。

六十、什么是吸入性肺炎？

吸入性肺炎是吸入酸性物质、动物脂肪如食物、胃容物以及其他刺激性液体和发挥性的碳氢化合物后，引起的化学性肺炎。严重者可发生呼吸衰竭或呼吸窘迫综合征。

六十一、吞咽障碍患者如何预防误吸？

1. 进食环境准备 创造可使患者集中精力进食的安静环境，进食必须在患者清醒、不疲劳、无痛苦的情况下进行。

2. 进食时的体位

（1）仰卧位：一般让患者保持 30° 仰卧位，头前倾，偏瘫侧肩可用枕头垫起，喂食者位于患者健侧，该体位可以减少食物向鼻腔逆流和误吸；

（2）侧卧位：通常采用健侧卧位，利用重力的作用，使食物主要集中在健侧口腔，减少食物在瘫痪侧的残留，使吞咽较顺利地完成；

（3）坐位：患者端坐于桌前，头颈稍前屈，躯干伸直，将患侧手放在桌子上，有利吞咽动作形成。

3. 食物的选择 原则上先易后难，细烂食物最易吞咽，固体食物最难吞咽，糊状食物不易误吸，液状食物易误吸。进食顺序是先进食细烂食物，吞咽功能明显改善后改为碎状食物，最后改为普通食物和液体食物。选择食物时要兼顾食物的色、香、味、热量和温度，选用安全食品，避免硬类食物。

4. 喂食方法和时间 喂食时速度不宜过快，应让患者充分咀嚼，咽下后空吞数次，使食物顺利通过咽部，检查口腔确认咽下后，再进下一口食物，必要时清咳几声，清清喉咙。禁止用吸管饮水，以免误入气管。应用杯子饮用，水要加满，如水不及半杯，患者就会头向后仰饮水，增加误吸的机会。

5. 进食后活动要求 餐后 30～60 分钟才能平卧或搬动患者，尽量减少刺激，否则易致食物反流。夜间仰卧时胃内食物逆流亦会引起误吸，所以夜间睡眠时可将床头稍摇高，以减少误吸的发生。

6. 长期卧床患者　根据情况鼓励或协助其做主动或被动活动，促进胃肠蠕动，减轻胃潴留，有胃潴留、恶心、呕吐时，立即停止喂食，以免引起误吸。

7. 对于留置胃管的患者　家属未经医护人员同意，切勿擅自经口给患者进食，以免引起误吸。

六十二、患者误吸、窒息时该如何处理？

1. 一旦患者在进食后、翻身或呕吐时出现剧烈咳嗽，要立即置患者于侧卧位或头偏向一侧，检查患者口腔内有无异物，如有要在第一时间去除异物，先用手指抠除口腔内异物，使患者免去窒息的危险。也可拍背数次或用双手掌叠放在患者脐稍上方，向下、向前快速挤压，压后随之放松。

2. 开放气道，给予氧气吸入或面罩加压给氧。

3. 抢救的同时，要派人呼叫医师抢救。备好急救物品，视病情情况急行气管插管或行纤维支气管镜吸引，遵医嘱给予对症处理。

4. 监测患者生命体征，并做好护理记录。

5. 通知患者家属，做好患者及其家属的安抚工作。

六十三、什么是尿失禁？尿失禁分为哪 4 种？

尿失禁为尿不能控制而自行流出。可以分为 4 种类型:真性、假性（充盈性）、急迫性和压力性尿失禁。

1. 真性尿失禁　指的是由于膀胱或尿路感染、结石、结核、肿瘤等疾患使膀胱逼尿肌过度收缩、尿道括约肌过度松弛，以致尿液不能控制而从膀胱流出。

2. 假性尿失禁　由于下尿路梗阻（尿道狭窄、前列腺增生或肿瘤等）或膀胱逼尿肌无力、麻痹（先天性畸形、损伤性病变、肿瘤与炎症病变等导致调节膀胱的下运动神经元损害），造成膀胱过度膨胀、内压升高致尿液被迫溢出，又称溢出性尿失禁。

3. 急迫性尿失禁　患者会突然有急而强烈的尿意而无法忍住小便，尿很快就流出来的情况。

4. 压力性尿失禁　腹压的突然增加导致尿液不自主流出，并不是由逼尿肌收缩压或膀胱壁对尿液的张力压引起的。其特点是正常状态下无遗尿，而腹压突然增高时尿液自动流出。如咳嗽、大笑、打喷嚏、跳跃、搬重物时，尿液不自主地从尿道口漏出。如果偶有此现象，不能视为病态，只有尿失禁频繁发作影响生活时才是病理现象。

六十四、什么是尿潴留？

膀胱内积有大量尿液而不能排出，称为尿潴留。

六十五、引起尿潴留的原因有哪些？

引起尿潴留的原因很多，一般可分为阻塞性和非阻塞性 2 类。

1. 阻塞性尿潴留　常常由前列腺增生、尿道狭窄、膀胱或尿道结石、肿瘤等疾病导致，阻塞了膀胱颈或尿道而发生尿潴留。

2. 非阻塞性尿潴留　即膀胱和尿道并无器质性病变，尿潴留是由神经或肌源性因素导致排尿功能障碍引起的。如脑肿瘤、脑外伤、脊髓肿瘤、脊髓损伤、周围神经疾病以及手术和麻醉等均可引起尿潴留。

六十六、如何帮助尿潴留患者恢复正常排尿？

1. 尿潴留时，为患者创建合适的排尿环境，尽量采取患者习惯的体位来促进排尿，必要时可采取热敷下腹部、听流水声、冲洗会阴部、针灸等促进排尿。若仍不能自主排尿，则予以导尿缓解急性尿潴留。但对尿道狭窄、近期接受过尿道手术的患者，则要慎重行导尿术。

2. 留置尿管期间，做好尿管的定期夹闭与开放，训练患者的膀胱功能。

3. 试行拔除导尿管。对尿潴留留置导尿管的患者，一般要在留置导尿管 1～3 天后试行拔除导尿管，避免长时间留置导尿管引起相关感染。

4. 间歇性清洁导尿。在不能自主排尿时，尽可能选择间歇性清洁导尿代替留置尿管，这样既可以允许患者自主排尿，又减少留置尿管带来的感染风险。

5. 患者有尿意时，应尽早引导患者去厕所或提供小便的环境，避免憋尿。

六十七、留置导尿患者如何预防尿路感染？

1. 进行导尿操作的时候要严格按照无菌操作原则进行，插管动作要轻柔，防止损伤尿道黏膜而引起局部组织水肿或出血，导致继发感染。

2. 每天用氯己定（洗必泰）棉球清洁外阴和导尿管暴露在体外的部分，防止发生逆行感染。

3. 如果病情允许，患者应该尽量多喝些水，以增加尿量，从而起到冲洗的作用。也可以在医生的指导下进行膀胱冲洗，膀胱冲洗时冲洗液温度应接近人体温度，冲洗速度不宜过快。

4. 使用抗反流尿袋，搬动患者时要及时给予夹尿管，应定时排出尿袋内的尿液，并记录患者尿量。

5. 若患者病情好转，应尝试夹闭尿管，待有尿意的时候再开放尿管。通过这种方法训练患者排尿，使其渐渐适应没有导尿管的排尿习惯，防止尿管拔出后排尿困难，甚至发生尿潴留。

六十八、什么是便秘？

便秘是指排便次数太少，或排便不畅、费力、困难、粪便干结且量少的一种消化道常见症状。正常人排便一般 2～3 天 1 次至每天 2～3 次，但粪便不干燥、坚硬。排便习惯若比原来有明显延迟，粪便坚硬且不易排出即可称为便秘。

六十九、如何帮助便秘患者缓解便秘症状？

1. 饮食的指导　指导患者采取合适的饮食习惯，平时注意荤素搭配。多进食纤维素丰富的食物，因为纤维素可促进肠蠕动，从而改变排便性状，缓解并预防便秘。对体重正常、血脂也不高的患者，可指导其多吃含油性食物，多食黑芝麻、蜂蜜及植物油等润滑肠道的食物，以润滑肠道、稀释粪便，促进粪便排出。多饮水，每天的水摄入量应该达到 2000～3000ml，尤其每天清晨饮温开水或盐开水 1 杯可较好地刺激胃结肠反射而达到缓解便秘的作用。

2. 运动疗法　加强锻炼，增强体质，指导患者每天坚持做适量运动，例如仰卧屈腿、深蹲起立、散步、慢跑、打太极拳等运动促进肠蠕动，有助于促进排便。同时每晚坚持做提肛运动 10～20 次。

3. 养成良好的排便习惯　教育患者需定时排便，在早晨起床后或者早餐后如厕。无论有无便意，或者能不能达到满意的排便效果，到时间都要坚持蹲厕所。排便时应集中注意力，不要看报纸、小说、手机等而导致排便反射抑制。

4. 心理护理　对因社会心理因素引起的便秘患者，学会排解生活中的压力，可指导其做一些自我放松运动，如瑜伽、养花，多参加社区娱乐性活动，保持乐观心态，避免长时间的精神受抑。

5. 药物治疗　需要药物治疗时，一定要根据医嘱对症下药：①单纯性的便秘患者可口服麻仁软、乳果糖等药物；②有糖尿病的便秘患者在控制和监测血糖同时，可选用西沙比利治疗；③合并高血压、心力衰竭便秘患者，除了麻仁软、乳果糖外，还可选用缓泻剂，如开塞露灌肠等。

注意事项：不用或少用易引起便秘的药物，慎用能抑制胃肠道蠕动的镇静剂。

七十、麻仁软作用和不良反应分别是什么？

麻仁软是一种具有润肠通便作用的中成药，口服 1～2 粒可缓解便秘，年老体虚者不宜久服，忌食油腻、辛辣、生冷食品。

七十一、杜密克作用和不良反应分别是什么？

杜密克可调节结肠的生理节律，用于慢性或习惯性便秘，进餐时口服 15～30ml。可有腹胀、腹痛、腹泻等反应，此时应减少剂量。

七十二、西沙比利的作用和不良反应分别是什么？

西沙比利是一种胃肠道动力药，可加强和协调胃肠道运动，减少食物滞留和反流。可有腹部痉挛、腹泻等反应，此时应减少剂量。

七十三、灌肠的作用有哪些？

灌肠是将一定量的液体经直肠灌入结肠，以帮助患者清洁肠道、排便、排气。可分为大量不保留灌肠、小量不保留灌肠、保留灌肠，小量不保留灌肠可用于软化大便、解除便秘、排除肠道积气、减轻腹胀。

七十四、常用的灌肠液有哪些？

便秘患者一般可使用开塞露溶液直接灌肠，也可选用小量不保留灌肠，常常使用的灌肠液是25%硫酸镁注射液 30ml+开塞露溶液 60ml+0.9%氯化钠注射液 90ml。灌肠时一般插管深度为 7～10cm，压力宜低，灌肠液进入的速度不得过快。

七十五、什么是高颅内压？

颅内压增高是指在病理状态下，颅内压超过 200mmH_2O。常以头痛、呕吐、视盘水肿为主要表现，多为颅腔内容物的体积增加并超出颅内压调节代偿范围，是颅内多种疾病所共有的临床综合征。

七十六、颅高压患者一般的护理要点是什么？

1. 摇高床头 15°～30° 的斜坡位，有利于颅内静脉回流，减轻脑水肿。昏迷患者取侧卧位，便于呼吸道分泌物排出。

2. 通过持续或间断吸氧，可以降低 $PaCO_2$ 使脑血管收缩，减少脑血流量，达到降低颅内压的目的。

3. 不能进食者，成人每天静脉输液量在 1500～2000ml，其中等渗盐水不超过 500ml，保持每日尿量不少于 600ml，并且应控制输液速度，防止短时间内输入大量液体，加重脑水肿。神志清醒者给予普通饮食，但要限制钠盐摄入量。

4. 加强生活护理，适当保护患者，避免意外损伤。昏迷躁动不安者切忌强制约束，以免患者挣扎导致颅内压增高。

七十七、防止颅内压骤然升高的护理要点是什么？

1. 卧床休息　保持病室安静，清醒患者不要用力坐起或提重物。稳定患者情绪，避免情绪激烈波动，以免血压骤升而加重颅内压增高。

2. 保持呼吸道通畅　当呼吸道梗阻时，患者用力呼吸、咳嗽，致胸腔内压力增高，加重颅内压。呼吸道梗阻使 $PaCO_2$ 增高，致脑血管扩张，脑血容量增多，也加重颅内高压。昏迷患者或排痰困难者，应配合医师及早行气管切开术。

3. 避免剧烈咳嗽和用力排便　当患者咳嗽和用力排便时胸、腹腔内压力增高，有诱发脑疝的危险。因此，要预防和及时治疗感冒，避免咳嗽。应鼓励能进食者多食富含纤维素食物，促进肠蠕动。已发生便秘者切勿用力屏气排便，可用缓泻剂或低压小量灌肠通便，避免高压大量灌肠。

七十八、颅高压患者脱水治疗的护理要点是什么？

1. 最常用高渗性脱水剂，如 20%甘露醇 125～250ml，在 20～30 分钟内快速静脉滴注，每日 2～4 次，静注 10～20 分钟后颅内压开始下降，维持 4～6 小时，可重复使用。通过减少脑组织中的水分，缩小脑体积，起到降低颅内压的作用。

2. 若同时使用利尿剂，降低颅压效果更好。

3. 脱水治疗期间，应准确记录出入量，并注意纠正利尿剂引起的电解质紊乱。

4. 停止使用脱水剂时，应逐渐减量或延长给药间隔，以防止颅内压反跳现象。

七十九、如何对颅高压患者行健康教育?

1. 患者原因不明的头痛症状进行性加重，经一般治疗无效；或头部外伤后有剧烈头痛并伴有呕吐者，应及时到医院做检查以明确诊断。

2. 颅内压增高的患者要预防剧烈咳嗽、便秘、提重物等使颅内压骤然升高的因素，以免诱发脑疝。

3. 指导患者学习康复的知识和技能，对有神经系统后遗症的患者，要针对不同的心理状态进行心理护理，调动他们心理和躯体的潜在代偿能力，鼓励其积极参与各项治疗和功能训练，最大限度地恢复其生活能力。

八十、什么是冬眠低温疗法?

冬眠低温疗法是应用药物和物理方法降低患者体温，使患者处于亚低温状态，其目的是降低脑耗氧量和脑代谢率，减少脑血流量，增加脑对缺血缺氧的耐受力，减轻脑水肿。适用于各种原因引起的严重脑水肿、中枢性高热患者。但儿童和老年人慎用，休克、全身衰竭或有房室传导阻滞者禁用此法。

八十一、什么是脑疝?

脑疝是颅内压增高的严重后果，是部分脑组织因颅内压力差而造成移位，当移位超过一定解剖界限时则称之为脑疝。脑疝是神经系统疾病最严重的症状之一，如不及时发现或救治，可危及生命。临床上最常见、最重要的是小脑幕裂孔疝和枕骨大孔疝。

八十二、哪些患者易发生脑疝?

最常见、最重要的是小脑幕裂孔疝和枕骨大孔疝。常见病因有：外伤所致的各种颅内血肿，颅内肿瘤，脑脓肿，颅内寄生虫和各种炎性肉芽肿，医源性因素如腰椎穿刺、放脑脊液过快过多等。

八十三、患者脑疝时的紧急处理措施有哪些?

1. 时间是关键 脑疝一旦发生，时间就是关键，应立即进行脱水、降颅内压等治疗，积极抢救生命。

2. 脱水降颅内压 快速静脉滴注 20%甘露醇，以迅速提高血浆晶体渗透压，使脑组织水分向血浆转移，产生脱水作用，降低颅内压。

3. 高流量吸氧 通过吸氧改善脑组织的血氧供应，从而减轻脑缺氧及脑水肿。吸入氧流量 4～6l/min，同时保持患者呼吸道通畅，头偏向一侧，防止分泌物、呕吐物进入呼吸道引起呼吸道梗阻。对于呼吸骤停者，立即挤压胸廓行人工呼吸，必要时行气管插管行机械通气。

4. 协助脑室穿刺 脑疝患者往往伴有梗阻性脑积水，脑室穿刺放出一部分脑脊液，可解除或减轻颅内压增高。应立即准备穿刺用物并协助医师穿刺，以快速引流脑脊液迅速降低颅内压。

5. 计算机断层扫描（computer tomography，CT）检查 协助紧急进行 CT 检查。

6. 手术治疗 ①遵医嘱完善术前准备（备皮、备血、备药、导尿）；②完善术前准备后送手术室行急诊手术。

八十四、人体体温的正常值是多少?

每日早晚、人体各个部位、男女之间的体温，均存在着差异。人体正常体温有一个较稳定的范围，但并不是恒定不变的。

正常人的体温平均为 36.0～37.0℃，（口测法为 36.3～37.2℃）。腋窝温度较口腔温度低 0.2～

0.5℃，直肠温度（也称肛温）较口腔温度高 0.2～0.6℃。一天之中，清晨 2～5 时体温最低，下午 5～7 时最高，但一天之内温差应小于 0.8℃。另外，女子体温一般较男子高 0.35℃左右。

八十五、体温异常的临床意义是什么？

1. 高热　提示感染性或炎症性疾病（如脑炎、脑膜炎、肺炎或败血症等）、中暑或中暑性高热（脑干或下丘脑病变）。

2. 体温过低　提示为休克、革兰阴性菌败血症、一氧化碳中毒、低血糖、第三脑室肿瘤、甲状腺功能减退、肾上腺皮质功能减退以及冻伤或镇静安眠药（巴比妥类）过量。

八十六、常见的发热原因有哪些？

发热多是由于感染引起，感染包括细菌感染和病毒感染以及支原体、衣原体、真菌感染等，也可以是体温中枢异常、皮肤散热异常、无菌坏死物质的吸收等。

八十七、发热患者的护理措施有哪些？

1. 疑似传染病时，先行一般隔离，确诊后按传染病隔离要求隔离。

2. 患者绝对卧床休息，高热患者有时会躁动不安，应注意防止坠床、舌咬伤，对于烦躁不安、神志不清、谵妄、惊厥者，加床栏防止坠床，必要时使用约束带。

3. 密切观察病情变化，高热患者每小时测 1 次体温，记录于护理文书中。观察其热型及临床过程，观察呼吸、血压的变化及一些伴随症状。在患者大量出汗或退热时，应注意有无虚脱现象。

4. 体温在 38.3℃以上者遵医嘱给予物理或化学药物降温。

5. 保持患者口腔、皮肤清洁。加强口腔护理，每天早晚应进行口腔护理，饮食前、后均应漱口，观察舌苔、舌质，保证口腔卫生。口唇干燥者可涂以液状石蜡或稀甘油，有疱疹者可用抗生素或抗病毒软膏。

6. 饮食护理，鼓励患者进食营养丰富即高热量、高蛋白、高维生素、低脂肪、易消化的清淡流质、半流质饮食，并少量多餐。鼓励患者多饮水，出汗多时注意补充含盐饮食，每天摄入量≥3000ml，必要时按医嘱静脉补充液体。

7. 保持室内空气新鲜，加强通风，调整被盖，减少运动量，并保持环境的安静等。

8. 心理护理，患者在发热期间会出现寒战、面色苍白、头痛、出汗等症状，导致其紧张、恐惧心理。护士应常巡视，耐心解答患者提出的问题，做好心理护理。对于长期高热的患者更应注意其心理反应。

9. 及时采集各种标本。

10. 患者高热期间监测生命体征，体温在 39.0℃以上者每小时测量 1 次；体温在 38.0～38.9℃者，每 2 小时测量 1 次；体温在 37.5～37.9℃者，每 4 小时测量 1 次；正常后每日测量 4 次，连续测量 3 天。

八十八、物理或化学降温的护理要点是什么？

1. 体温在 38.3℃以上者，遵医嘱给予物理或化学药物降温。

2. 物理降温主要有冰袋、冰帽、降温毯、冷湿敷、乙醇擦浴、温水擦浴、冰水灌肠及针灸等，应根据病情加以选择。通常在患者头部、腋下、腹股沟等大血管处置冰袋，或采取 32～36℃温水擦浴，或采取冰盐水灌肠，如患者寒战应停止降温。

3. 化学降温主要指应用退热药，以抑制体温调节中枢，减少产热，加速散热。经物理降温无效者，遵医嘱给予药物降温，但对原因不明的高热，慎用药物降温。对老年、体弱者、婴幼儿应注意用药剂量。

4. 遵医嘱给予物理或药物降温，半小时后需复测体温并观察降温效果；保持衣服和被盖适中，大量出汗要及时更换衣服，体温骤降时注意保暖；保持清洁和舒适，高热患者在退热过程中往往大量出汗，应及时擦干汗液，更换衣被；避免直接吹风，避免受凉；条件允许应洗头、洗澡以保持皮肤清洁，但要防止着凉，避免对流风。

八十九、心率的正常值是多少?

1. 健康成人心率为 60～100 次/分，大多数为 60～80 次/分，女性稍快，老年人偏慢。

2. 成人每分钟心率超过 100 次（一般不超过 160 次/分），称为窦性心动过速。常见于正常人运动、兴奋、激动、吸烟、饮酒和喝浓茶后，也可见于发热、休克、贫血、甲亢、心力衰竭及应用阿托品、肾上腺素、麻黄碱等。

3. 如果心率在 160～220 次/分，常称为阵发性心动过速。

4. 心率低于 60 次/分者（一般在 40 次/分以上），称为窦性心动过缓。可见于长期从事重体力劳动者和运动员，病理性者见于甲状腺机能低下、颅内压增高、阻塞性黄疸，以及洋地黄、奎尼丁或普萘洛尔类药物过量或中毒。

5. 如心率低于 40 次/分，应考虑有房室传导阻滞。

6. 心率过快超过 160 次/分，或低于 40 次/分，大多见于心脏病患者，患者常有心悸、胸闷、心前区不适，应及早进行详细检查，以便针对病因进行治疗。

九十、什么是心输出量?

心脏每次收缩时由心室向动脉输出的血量叫做每搏输出量，心脏每分钟输出的血量叫做每分输出量。正常人在安静状态下每搏输出量为 70 毫升，如果心率按每分钟 75 次计算的话，每分输出量约为 5250 毫升。心输出量的多少，是衡量心脏工作能力的一项指标。

九十一、什么是心律失常?

心律失常是中老年人的常见症状，是指由于心脏病变导致心脏搏动异常的病理现象。

九十二、常见的心律失常有哪些?

常见的心律失常分为快速型心律失常和慢速型心律失常。快速型心律失常常见的有室上性心律失常、室性心律失常、房性心律失常、心房扑动、心房颤动、室上性心动过速、室性心动过速等。慢速型心律失常见有病态窦房结综合征、房室传导阻滞等。

九十三、引起心律失常的原因有哪些?

1. 心脏病发作以及能够破坏心电系统的潜在条件都会导致心律失常。这些潜在的条件包括高血压、冠心病、心力衰竭、甲状腺功能亢进或不足、风湿性心脏病等，都是引起心律失常的原因。

2. 引起心律失常的原因还有压力、抽烟、酗酒、活动过量、吸食毒品（如可卡因或苯丙胺类毒品）、服用某些非处方药物、咖啡因或尼古丁摄入过量等。

3. 当控制心脏搏动的电信号遇到延迟或者阻滞的时候，就会发生心律失常。如果出现这种情况，一方面可能是产生心脏电信号的特殊神经细胞不能正常工作，另一方面也可能是心脏电信号在心脏中不能正常传递。心脏的其他部位开始产生电信号、或者将来自特殊神经细胞的电信号异常传播，都会干扰心脏的正常搏动，从而造成心律失常。

4. 不良情绪也是引起心律失常的原因。一项新的研究显示，生气所引发的心律失常的心电图比一般心律失常更加混乱，也更加不稳定，因此更容易致命。

九十四、血压管理的原则是什么?

“知”就是通过医师及大众媒体的科普宣传，让更多患者知道高血压防治知识。

“信”就是通过充分的医患沟通，提高患者对治疗方案和目标的信任度和依从性。

“行”就是促使高血压患者自觉地将长效干预与自我管理落于实际行动。

如能对高血压的风险足够重视，科学地进行预防工作，坚持服药，就可减轻或防止高血压患者心、脑、肾等靶器官的损害，最大幅度降低各种心血管事件发生的危险。

九十五、常见的降压药物有哪些?

高血压是中老年人的一种常见病，一般除不了根，吃药只能维持和缓解，目前临床使用的降压药主要有4大类。

1. ACEI类　即血管紧张素转化酶抑制药，常见的药品为贝那普利（洛汀新）、蒙诺、雅士达等；

2. β受体阻滞药　如美托洛尔（倍他乐克）、卡维地洛等；

3. 利尿药　如双氢克尿噻、吲哒帕胺等；

4. 钙拮抗药　如硝苯地平、尼群地平、氨氯地平等。

九十六、如何应用降压药物?

1. 应用降压药物治疗原发性高血压需长期服药。因此，宜选用降压作用温和、缓慢、持久、不良反应少、患者易于掌握且使用方便的口服降压药（如氢氯噻嗪、利血平、复方降压片等）作为基础降压药，再按不同病期选用其他降压药物。

2. 用降压药一般从小剂量开始，逐渐增加剂量，达到降压目的后，可改用维持量以巩固疗效，尽可能用最小维持量以减少不良反应。

3. 使用可引起明显直立位低血压的降压药物时，宜向患者说明，从坐位起立或从平卧位起立时，动作应尽量缓慢，特别是夜间起床如厕时更要注意，以免血压突然降低引起昏厥而发生意外。

4. 缓进型高血压第一期患者，症状不明显，一般治疗（包括镇静药）即能奏效，可不必应用降压药物，必要时用少量作用温和的降压药如利尿药、萝芙木类或复方降压片即可；第二期患者多需采用两种或两种以上的降压药治疗，如利血平、肼屈嗪和利尿药合用或再选加酶抑制药、节后交感神经抑制药、神经节阻滞药或肾上腺素受体阻滞药等；第三期患者多需用降压作用强的药物如节后交感神经抑制药、神经节阻滞药，如盐酸可乐定、米诺地尔（长压定）等治疗。

5. 临床上常联合应用几种降压药物治疗，其优点是：药物的协同作用可提高疗效；几种药物共同发挥作用，可减少各药的单剂量；减少每种药物的不良反应，或使一些不良反应互相抵消；使血压下降较为平稳。最常用的联合是利尿药和其他降压药合用，利尿药既可增强多种降压药疗效，又可减轻引起水肿的不良反应；利血平和肼屈嗪、β受体阻滞药和米诺地尔合用时，各自减慢和增快心率的不良反应互相抵消。

6. 对血压显著增高多年的患者，不宜使血压下降过快、过多，患者往往因不能适应较低或正常水平的血压而感不适，且有导致脑、心、肾血液供应不足而引起脑血管意外、冠状动脉血栓形成、肾功能不全等可能。发生高血压危象或高血压脑病时要采用紧急降压措施。

九十七、苯磺酸氨氯地平（络活喜）的作用和不良反应分别是什么?

苯磺酸氨氯地平（络活喜）是钙离子拮抗药，用于治疗高血压和缺血性心脏病，可出现水肿、疲劳、头痛、失眠等不良反应，但一般较少出现。一般于晨起口服，按量规律服用。

九十八、硝普钠的作用和不良反应分别是什么?

硝普钠是一种速效和短时作用的血管扩张药，对动脉和静脉平滑肌均有直接扩张作用，用于治疗高血压急症和急性左心衰。只宜作静脉注射，见光分解，故应现配现用，注意避光。剂量控制不当可出现低血压等不良反应，突然停药还可出现反跳性血压升高。

九十九、尼莫地平的作用和不良反应分别是什么?

尼莫地平是钙拮抗药，可缓解血管痉挛达到改善血液循环，降低血压，缓解头痛。常见不良反应是血压下降，脑水肿、颅内高压，严重心脏疾病及严重低血压患者应慎用。

一百、血糖管理的原则是什么?

1. 准时准量服药，护士应首先教会患者及其家属正确识别出所用的降糖药，如所服降糖药与其他药不易区别时，摆药中心应将降糖药单独包装并注明药名、剂量、用量、用法及服药时间等。

2. 服药时间和间隔尽可能固定，除噻唑烷二酮类药物外，服用其他降糖药时如不进餐则不要服药。

3. 服药期间应定时监测血糖（空腹与餐后及睡前）并记录结果，异常时及时报告医护人员进行处理。

4. 服药期间应继续遵守饮食运动计划。

一百〇一、在哪些情况下应该增加血糖监测的次数？

1. 当调整药物剂量、更换药物种类时；

2. 生病期间；

3. 改变饮食习惯、外出就餐、漏餐或延迟就餐时；

4. 改变运动时间、运动项目、运动量时；情绪波动时；

5. 出现头晕、心悸、出汗等低血糖症状时。

一百〇二、常用的口服降糖药物有哪些？

1. 促进胰岛素分泌药 ①磺酰脲类药物，如格列齐特、格列吡嗪、格列美脲。②苯甲酸衍生物类（格列奈类药物），如瑞格列奈（诺和龙）、那格列奈。

2. 胰岛素增敏药 ①双胍类药物，如二甲双胍（格华止）、苯乙双胍等。②噻唑烷二酮类药物，如罗格列酮、吡格列酮等。

3. α葡萄糖苷酶抑制剂 如阿卡波糖（拜糖平）。

一百〇三、口服降血糖药物的合理用药时间是什么时候？

如表 2.2 所示。

表 2.2 不同口服降血糖药物的合理用药时间

降血糖药			用药时间
促胰岛素分泌药	磺脲类	格列本脲（优降糖）	餐前半小时
	非磺脲类	诺和龙	餐前或餐时（无须半小时）
双胍类		格华止	餐中或餐后
α糖苷酶抑制药		拜糖平	餐时嚼服（与第一口饭同吃）
胰岛素增敏药		马来酸罗格列酮（文迪雅）	固定时间（与进餐无关）

一百〇四、什么是胰岛素？

胰岛素是目前人体唯一的降糖激素，对糖类、蛋白质、脂肪等多种代谢起重要作用。胰岛素是Ⅰ型糖尿病患者维持生命和控制血糖所必需的药物，Ⅱ型糖尿病患者虽然在早期不需要胰岛素维持生命，但多数患者在疾病中晚期或合并严重并发症时需要使用胰岛素来控制血糖甚至维持生命。

基因工程的人胰岛素对人体无毒性作用，肝肾功能不全、妊娠等均不影响正常使用，是目前已知的所有降糖药物中疗效最可靠、不良反应最小的药物。

一百〇五、胰岛素的合理用药时间是什么时候？

如表 2.3 所示。

表 2.3 胰岛素的合理用药时间

胰岛素		用药时间	使用方法
短效胰岛素	普通胰岛素 诺和灵 R	进餐前 30 分钟	可用于静脉注射
中效胰岛素	诺和灵 N	睡前注射	只用于皮下注射

续表

胰岛素		用药时间	使用方法
长效胰岛素	来得时	每天固定同一时间注射	只用于皮下注射
预混型胰岛素	混合速效 诺和锐 30	进餐前 15 分钟或餐前	只用于皮下注射
	混合短效 诺和灵 50R	进餐前 30 分钟	
超短效胰岛素（速效）	诺和锐	进餐前 15 分钟	只用于皮下注射

第三章 脑血管疾病

第一节 短暂性脑缺血发作

一、什么是短暂性脑缺血发作（TIA）?

短暂性脑缺血发作（transient ischemic attack，TIA）是由于局部脑或视网膜缺血引起的短暂性神经功能缺损，临床症状一般不超过1小时，最长不超过24小时，且无责任病灶的证据。

二、短暂性脑缺血发作发病率的特点是什么?

短暂性脑缺血发作50%～70%发生在老年人，白种人发病比黑种人和黄种人常见，男性发病率比女性高2倍，由于许多患者短暂性脑缺血发作未到医疗机构就诊，所以实际发病率会更高。

凡神经影像学检查有神经功能缺损对应的明显病灶者不宜称为短暂性脑缺血发作。传统的短暂性脑缺血发作定义，只要临床症状在24小时内消失，不遗留神经系统体征，而不管是否存在责任病灶。近来研究证实，对于传统短暂性脑缺血发作患者，如果神经功能缺损症状超过1小时，绝大部分神经影像学检查均可发现对应的脑部梗死小病灶。因此，传统的短暂性脑缺血发作许多病例实质上是小卒中。

三、短暂性脑缺血发作的病因主要有几个方面?

1. 供应脑血循环的动脉粥样硬化 是短暂性脑缺血发作发生的最常见原因。最多见的是颈动脉粥样硬化血栓的形成，常导致管腔狭窄，造成供应脑的血流降低。

2. 动脉-动脉的血栓栓塞 栓子来源于颈部颈动脉或椎动脉的动脉粥样硬化斑块的溃疡面，或较少地来自心脏内的附壁血栓；心源性栓子最多见的原因为心房纤颤、瓣膜疾病和左心室血栓形成等。

3. 较少见病因 ①夹层动脉瘤、动脉炎及血液成分的异常；②血流动力学的改变，血流有短暂的降低，如任何原因的低血压、心律不齐、锁骨下动脉盗血综合征和药物的不良反应；③心脏介入和手术治疗的并发症；④高血压、动脉粥样硬化、心脏疾病、糖尿病以及血红细胞增多症都易促成短暂性脑缺血发作的发生。

四、短暂性脑缺血发作的危险因素有哪些?

包括有①高血压；②吸烟；③心脏病（冠心病、心律失常、充血性心力衰竭、心脏瓣膜病）；④过度饮酒；⑤血脂异常；⑥糖尿病；⑦体力活动过少；⑧女性是否接受雌激素替代治疗。

五、血流动力学改变是如何导致短暂性脑缺血发作发生的?

血流动力学改变是在各种原因（如动脉硬化和动脉炎等）所致的颈内动脉或椎-基底动脉系统动脉严重狭窄基础上，血压急剧波动导致原来靠侧支循环维持的脑区发生一过性缺血。血流动力型短暂性脑缺血发作的临床症状比较刻板，发作频率通常密集，每次发作持续时间短暂，一般不超过10分钟。在这种情况下，血压的治疗最重要。

六、导致短暂性脑缺血发作的微栓子来源于哪里?

微栓子主要来源于动脉粥样硬化的不稳定斑块或附壁血栓的破碎脱落、瓣膜性或非瓣膜性的心源性栓子及胆固醇结晶等。微栓子阻塞小动脉常导致其供血区域脑组织缺血，当栓子破碎移向远端或自发溶解时，血流恢复，症状缓解。微栓塞型短暂性脑缺血发作的临床症状多变，发作频率通常稀疏，每次发作持续时间一般较长。如果持续时间超过30分钟，提示微栓子较大，可能来源于心脏。

在这种情况下，抗血小板聚集和稳定斑块的治疗最重要。

七、短暂性脑缺血发作的临床特点表现在哪 4 个方面?

1. 好发于 50～70 岁，男性多于女性，患者多伴有高血压、动脉粥样硬化、糖尿病或高脂血症等脑血管病危险因素；

2. 发作突然，局部脑或视网膜功能障碍历时短暂，一次发作持续 10～15 分钟，多在 1 个小时以内，最长不超过 24 小时，不遗留神经功能缺损体征；

3. 由于微栓塞导致的脑缺血范围很小，一般神经功能缺损的范围和严重程度比较有限；

4. 常反复发作，每次发作表现相似。

八、颈内动脉系统短暂性脑缺血发作的临床表现有哪些?

临床表现与受累血管分布有关。

大脑中动脉供血区的短暂性脑缺血发作可出现缺血对侧肢体的单瘫、轻偏瘫、面瘫和舌瘫，可伴有偏身感觉障碍和对侧同向偏盲，优势半球受损常出现失语和失用，非优势半球受损可出现空间定性障碍。

大脑前动脉供血区缺血可出现人格和情感障碍，对侧下肢无力等。颈内动脉主干短暂性脑缺血发作主要表现为眼动脉交叉瘫[患侧单眼一过性黑曚、失明和（或）对侧偏瘫及感觉障碍]，Horner 交叉瘫（患侧 Horner 征、对侧偏瘫）。

九、椎-基底动脉系统短暂性脑缺血发作的临床表现有哪些?

最常见表现是眩晕、平衡障碍、眼球运动异常和复视。可有单侧或双侧面部、口周麻木，单独出现或伴有对侧肢体瘫痪、感觉障碍，呈现典型或不典型的脑干缺血综合征。

此外，椎-基底动脉系统短暂性脑缺血发作还可出现下列几种特殊表现的临床综合征：

1. 跌倒发作　表现为双下肢突然失去张力而跌倒，无意识丧失，常可很快自行站起，系脑干下部网状结构缺血所致。有时见于患者转头或仰头时。

2. 短暂性全面遗忘症　发作时出现短时间记忆丧失，发作时对时间、地点定向力障碍，但谈话、书写和计算力正常，一般症状持续数小时，然后完全好转，不遗留记忆损害。发病机制仍不十分清楚，部分发病可能是大脑后动脉颞支缺血累及边缘系统的颞叶海马、海马旁回和穹隆所致。

3. 双眼视力障碍发作　双侧大脑后动脉距状支缺血导致枕叶视皮质受累，引起暂时性皮质盲。

值得注意的是，椎-基底动脉系统短暂性脑缺血发作患者很少出现孤立的眩晕、耳鸣、恶心、晕厥、头痛、尿便失禁、嗜睡或癫痫等症状，往往合并有其他脑干或大脑后动脉供血区缺血的症状和体征。

十、短暂性脑缺血发作患者需要做哪些检查和化验?

CT 或磁共振成像（magnetic resonance imaging，MRI）检查大多正常；经颅多普勒超声（transcranial doppler，TCD）检查可探查颅内动脉狭窄，并可进行血流状况评估和微栓子检测；血常规和血生化检查是必要的；神经系统检查可发现轻微的脑功能损害。

为了寻找病因和评估危险因素，对于初发短暂性脑缺血发作的患者应进行下列检查：全血细胞计数、凝血功能（凝血酶原时间及国际标准化比率）、空腹血糖、血胆固醇和 12 导联心电图。

其他一些选择性检查手段仅在特定的高危患者中进行，如评估高凝状态的相关检查、血同型半胱氨酸水平以及抗磷脂抗体等与免疫性疾病和动脉炎相关的检查。

十一、如何确诊患者患有短暂性脑缺血发作?

大多数短暂性脑缺血发作患者就诊时临床症状已消失，故诊断主要依靠病史。中老年患者突然出现局灶性脑功能损害症状，符合颈内动脉或椎-基底动脉系统及分支缺血表现，并在短时间内症状完全恢复（多不超过 1 小时），应高度怀疑短暂性脑缺血发作。MRI 和 CT 有助短暂性脑缺血发作的诊断。

十二、短暂性脑缺血发作鉴别诊断有哪些？

1. 癫痫的部分性发作 特别是单纯部分性发作，常表现为持续数秒或数分钟的肢体抽搐或麻木针刺感，从躯体的一处开始，并向周围扩展，可有脑电图（electroencephalogram，EEG）异常，CT、MRI 检查可发现脑内局灶性病变。

2. 梅尼埃病 发作性眩晕、恶心、呕吐与椎-基底动脉系统短暂性脑缺血发作相似，但每次发作持续时间往往超过 24 小时，反复发作后听力减退等症状，除眼球震颤外，无其他神经系统定位体征。发作年龄多在 50 岁以下。

3. 心脏疾病 阿-斯综合征，严重心律失常如室上性心动过速、多源性室性期前收缩、室性心动过速或心室颤动、病态窦房结综合征等，可因阵发性全脑供血不足出现头晕、晕倒和意识丧失，但常无神经系统局灶性症状和体征，动态心电图监测、超声心动图检查常有异常发现。

4. 其他 颅内肿瘤、脓肿、慢性硬膜下血肿、脑内寄生虫等亦可出现类似短暂性脑缺血发作症状。原发或继发性自主神经功能不全亦可因血压或心律的急剧变化出现短暂性全脑供血不足，出现发作性意识障碍。基底动脉型偏头痛，常有后循环缺血发作，应注意排除。

十三、什么是 ABCD 评分？

见表 3.1。

表 3.1 ABCD 评分

	短暂性脑缺血发作的临床特征		得分
A	年龄	＞60 岁	1
B	血压	收缩压＞140 或舒张压＞90	1
C	临床症状	单侧无力	2
		不伴无力的言语障碍	1
D	临床症状		
	持续时间	＞60min	2
		10～59min	1
D	糖尿病	有	1

评分 0～7 分。高危：6～7 分；中危：4～5 分；低危：0～3 分。

十四、短暂性脑缺血发作患者住院指征有哪些？

下列短暂性脑缺血发作患者在发病 24～48 小时内必须住院：①初发短暂性脑缺血发作患者；②进展型短暂性脑缺血发作患者；③症状持续时间＞1 小时；④症状性颈内动脉狭窄＞50%；⑤已知的心脏来源的栓子（如心房颤动）；⑥已知的高凝状态；⑦ABCD 评分高危者。

十五、短暂性脑缺血发作的病因治疗方法有哪些？

对于短暂性脑缺血发作患者要积极查找病因，针对可能存在的脑血管病危险因素，如高血压、糖尿病、血脂异常、心脏疾病等要进行积极有效的治疗。最主要是控制血压、降低血糖、降低血液黏稠度、控制心律失常，稳定心脏功能、防止颈部过度活动。

1. 动脉粥样硬化栓子所致短暂性脑缺血发作患者无论基础血压和血脂水平如何，治疗都应包括降血压和降胆固醇治疗。

2. 大多数动脉粥样硬化栓子所致短暂性脑缺血发作患者都建议接受他汀类药物治疗。

3. 治疗高脂血症。一般需要将低密度脂蛋白-胆固醇水平控制在低于 100mg/dl。

4. 无症状性低血压、短暂性脑缺血发作患者都应接受降压药治疗，降压药应与其他药物如抗凝药、降脂药和降糖药一起使用。

5. 糖尿病治疗，建议控制空腹血糖低于 7 mmol/L 以下。

6. 因为短暂性脑缺血发作患者合并心脏疾病的概率较大，因此应考虑并治疗一些潜在的心脏疾病，如冠心病、心律失常、充血性心力衰竭和心脏瓣膜。

十六、高血压患者的血压控制标准是什么？

正常人的理想血压是小于 120/80mmHg，血压大于 140/90mmHg 为轻度高血压，血压大于160/100mmHg 为中度高血压，血压大于 180/110mmHg 为重度高血压。短暂性脑缺血发作患者急性期血压大于 180/110mmHg 即重度高血压时，才需要遵医嘱使用口服或静脉用降压药物，一般需要将血压维持在高于基础血压一定范围，以维持足够的脑血流。

十七、糖尿病患者的血糖控制标准是什么？

正常人空腹血糖的正常范围为 3.9～6.1mmol/L，不高于 7.0mmol/L，糖尿病患者基础血糖一般稍高于正常人血糖水平，故需要将糖尿病患者的血糖维持于 6.0～10.0mmol/L，以保证患者足够的血糖供应，避免发生低血糖反应。当血糖大于 10.0mmol/L 时，可遵医嘱首先使用口服降糖药物，将血糖控制于合适水平。

十八、高血脂患者的血脂控制标准是什么？

总胆固醇一般应控制在 200mg/dl 以下；低密度脂蛋白-胆固醇应控制在 130mg/dl 以下；三酰甘油应控制在 150mg/dl 以下；高密度脂蛋白-胆固醇应控制在 40mg/dl 以上。

降低胆固醇首选他汀类药物，降低三酰甘油首选贝特类药物，升高高密度脂蛋白-胆固醇首选烟酸。降低低密度脂蛋白-胆固醇是降血脂治疗的首要目标，一般需要将低密度脂蛋白-胆固醇水平控制在低于 100 mg/dl。

十九、降血脂的药物主要有哪些？

他汀类：阿托伐他汀钙片（立普妥）、瑞舒伐他汀钙片（可定）、洛伐他汀（美降之）、辛伐他汀（舒降之）、普伐他汀（普拉固）等；贝特类：苯扎贝特片、非诺贝特片等；烟酸类。

二十、立普妥的作用和不良反应分别是什么？

阿托伐他汀钙片（立普妥）为他汀类降脂药，使胆固醇的合成减少，主要作用部位在肝脏，结果使血胆固醇和低密度脂蛋白-胆固醇水平降低，中度降低血清三酰甘油水平和增高血高密度脂蛋白水平，由此对动脉粥样硬化和冠心病产生防治作用。一般在睡前口服 1～2 片，主要不良反应是胃肠道不适，其他还有头晕、头痛，偶可见肝脏损伤，故需要监测肝脏功能，肝脏损伤者慎用。

二十一、降血脂的食物、水果主要有哪些？

降血脂的食物主要有：灵芝、香菇、木耳、苦荞茶、鱼类、大蒜、洋葱、茄子、海带、植物油、大豆、辣椒、菜花、苦瓜、芹菜、绿豆芽、黄瓜、玉米、生姜、蜂蜜等；降血脂的水果主要有：山楂、苹果、香蕉、荔枝等。

二十二、短暂性脑缺血发作的药物治疗方法有哪些？

1. 抗血小板治疗 非心源性栓塞性短暂性脑缺血发作推荐抗血小板治疗。卒中风险较高患者，如短暂性脑缺血发作或小卒中发病 1 个月内，可采用小剂量阿司匹林 50～150mg/d 与氯吡格雷 75mg/d 联合抗血小板治疗。一般单独使用阿司匹林 50～325mg/d；氯吡格雷 75mg/d；小剂量阿司匹林和缓释的双嘧达莫（分别 25mg 和 200mg，2 次/天）。

2. 抗凝治疗 心源性栓塞性短暂性脑缺血发作可采用抗凝治疗。主要包括肝素、低分子肝素和华法林等。一般短期使用肝素后改为华法林口服抗凝，华法林治疗目标为国际标准比值 INR 达到 2～3，用药量根据结果调整。卒中高度风险的短暂性脑缺血发作患者应选用半衰期较短和较易中和抗凝强度的肝素；一旦短暂性脑缺血发作转变为脑梗死，可以迅速纠正凝血功能指标异常，使之符合溶栓治疗的入选标准；频繁发作的短暂性脑缺血发作或椎-基底动脉系统短暂性脑缺血发作，及对抗血小板治疗无效的病例也可考虑抗凝治疗；对人工心脏瓣膜置换等卒中高度风险的短暂性脑缺血发作患者还可考虑口服抗凝剂治疗加用小剂量阿司匹林或双嘧达莫联合治疗。

3. 扩容治疗 纠正低灌注，适用于血流动力型短暂性脑缺血发作。

4. 溶栓治疗 对于新近发生的符合传统短暂性脑缺血发作定义的患者，虽神经影像学检查发现有明确的脑梗死责任灶，但目前不作为溶栓治疗的禁忌证。在临床症状再次发作时，若临床已明确诊断为脑梗死，不应等待，应按照卒中指南积极进行溶栓治疗。

5. 其他 对有高纤维蛋白原血症的短暂性脑缺血发作患者，可选用降纤酶治疗；活血化瘀中药制剂对短暂性脑缺血发作患者也可能有一定的治疗作用。

二十三、短暂性脑缺血发作的手术和介入治疗方法有哪些?

1. 外科手术治疗 颈动脉内膜切除术对于2～4周内发生有症状的、大脑半球性、非致残性颈动脉缺血事件且同侧颈动脉狭窄程度为70%～90%的患者是有益的，对于有症状的视网膜短暂性缺血患者可能也有益。

2. 介入治疗，血管成形术和血管内支架术 适应证如下：

（1）颈动脉狭窄：①颈动脉狭窄＞70%，患者有与狭窄相关的神经系统症状，有与狭窄相关的脑实质缺血影像学表现；②少数狭窄＜70%，但出现明显的相关神经系统症状者，也可考虑行血管内介入治疗术。

（2）椎-基底动脉系统症状：①椎-基底动脉系统缺血症状或反复发作的后循环卒中，内科抗凝或抗血小板治疗无效；②一侧椎动脉开口狭窄程度超过70%，另外一侧发育不良或完全闭塞；③双侧椎动脉开口狭窄超过50%。

二十四、如何控制短暂性脑缺血发作的危险因素?

1. 积极治疗高血压；

2. 积极纠正血流动力学异常，包括低血压；

3. 停止吸烟；

4. 合理治疗冠心病、心律失常、心力衰竭和瓣膜病；

5. 禁止过度饮酒；

6. 治疗高脂血症；

7. 脑供血动脉狭窄的治疗。

二十五、短暂性脑缺血发作患者一般护理要点有哪些?

1. 合理休息与运动，并采取适当的防护措施，避免跌倒和受伤。

2. 发作时卧床休息，枕头不宜太高（以15°～20° 为宜）；仰头或头部转动时应缓慢、动作轻柔，转动幅度不宜过大。

3. 频繁发作的患者应避免重体力劳动，必要时患者如厕、沐浴及外出活动时均应有家人陪伴。

4. 告知患者应保证充足的睡眠。

二十六、短暂性脑缺血发作患者饮食护理要点有哪些?

1. 告知其应以低脂、低胆固醇、低盐、丰富维生素为原则，少食肥肉、猪油、奶油、蛋黄、带鱼、动物内脏及糖果甜食等。

2. 控制总热量，防止超重，饮食要有规律，切忌暴饮暴食或过分饥饿。

3. 戒烟酒。

二十七、短暂性脑缺血发作患者心理护理要点有哪些?

1. 告知患者及家属，说明情绪变化与发生短暂性脑缺血发作的关系，避免情绪激动、生气或过度兴奋，以免引起血压升高，导致短暂性脑缺血发作再次发生，甚至有发生脑卒中的危险。

2. 了解患者及其家属的思想顾虑，评估患者的心理状态，帮助患者消除恐惧心理，树立与疾病做斗争的信心，养成良好的生活习惯，注意锻炼身体，加强功能运动。

二十八、短暂性脑缺血发作患者的用药护理要点是什么?

1. 在使用抗凝治疗时，应密切观察有无出血倾向。久服阿司匹林可引起不易察觉的胃肠道反应或溃疡病，应观察有无恶心、呕吐、上腹不适等症状，宜在饭后服药，以防胃肠道刺激。

2. 高血压患者服用降压药时，要遵医嘱按时服药，不可擅自服用多种降压药或自行停药、换药，如血压控制不理想，应在医师指导下调整药物剂量或种类。

3. 盐酸噻氯匹定可出现可逆性中性粒细胞减少和血小板减少，应定期监测血象。

二十九、短暂性脑缺血发作患者跌倒风险的病情观察要点是什么?

1. 频繁发作的患者应注意观察和记录每次发作的持续时间、间隔时间和伴随症状。

2. 观察患者肢体无力或麻木是否减轻或加重，有无头痛、头晕或其他脑功能受损的表现，警惕完全性缺血性脑卒中的发生。

三十、短暂性脑缺血发作患者出院健康指导有哪些?

1. 保持心情愉快，情绪稳定，避免精神紧张。

2. 生活起居规律，坚持适当的体育锻炼和运动，注意劳逸结合。尤其是经常发作的患者，应避免重体力劳动，尽量避免单独外出。扭头或仰头动作不宜过急，幅度不要太大，防止诱发短暂性脑缺血发作或跌伤。

3. 合理饮食，宜进低盐、低脂、充足蛋白质和维生素的饮食，限制动物油脂的摄入，注意粗细搭配，肉菜搭配，戒烟酒。

4. 按医嘱正确服药，积极治疗高血压、动脉硬化、糖尿病、高脂血症和肥胖症等原发病，不可随意停药或换药，定期复查。

5. 发现肢体麻木、无力、头晕、头痛、复视或突然跌倒时应引起重视，及时就医。

三十一、短暂性脑缺血发作患者的预后如何?

短暂性脑缺血发作患者早期发生卒中的风险很高，发病 7 天内的卒中风险为 4%～10%，90 天卒中风险为 10%～20%（平均 11%）。发作间隔时间缩短、发作持续时间延长、临床症状逐渐加重的进展性短暂性脑缺血发作是即将发展为脑梗死的强烈预警信号。短暂性脑缺血发作患者不仅易发生脑梗死，也易发生心肌梗死和猝死。90 天内短暂性脑缺血发作复发、心肌梗死和死亡事件总风险高达 25%。最终短暂性脑缺血发作部分发展为脑梗死，部分继续发作，部分自行缓解。

第二节 脑 梗 死

一、什么是脑梗死（CI）?

脑梗死（cerebral infarction，CI）又称缺血性卒中，是指各种原因所致脑部血流供应障碍，导致局部脑组织缺血、缺氧性坏死，而出现相应神经功能缺损的一类临床综合征。脑梗死是卒中最常见类型，占 70%～80%。

二、什么是脑血栓形成（CT）?

急性闭塞的脑动脉是因为局部血管本身存在病变而继发血栓形成所致，称为脑血栓形成（cerebral thrombosis，CT）；脑血栓形成是脑梗死常见的类型，动脉粥样硬化是本病的根本原因，因此，脑血栓形成临床上主要指大动脉粥样硬化型脑梗死。

三、脑梗死的病因有哪些？

1. 动脉粥样硬化 主要发生在管径500μm以上的动脉，其斑块导致管腔狭窄或血栓形成，可见于颈内动脉和椎-基底动脉动系统任何部位，以动脉动分叉处多见，如颈总动脉与颈内、外动脉分叉处。脑动脉粥样硬化常伴高血压病，两者互为因果，糖尿病和高脂血症也可加速动脉粥样硬化的进程。

2. 动脉炎 如结缔组织病、细菌、病毒、螺旋体感染等均可导致动脉炎症，使管腔狭窄或闭塞。

3. 其他少见原因 包括药源性（如可卡因、安非他明）；血液系统疾病（如红细胞增多症、血小板增多症、血栓栓塞性血小板减少性紫癜、弥散性血管内凝血等）；遗传性高凝状态（如抗凝血酶Ⅲ缺乏、蛋白C缺乏）；抗磷脂抗体（如抗心磷脂抗体、狼疮抗凝物）；脑淀粉样血管病、烟雾病、肌纤维发育不良和颅内外（颈动脉和椎动脉）夹层动脉瘤等。此外，尚有极少数不明原因者。

四、脑梗死常发生在哪些血管？

脑血栓形成常发生在颈内动脉系统，约占80%，椎-基底动脉系统为20%。闭塞好发的血管依次为颈内动脉、大脑中动脉、大脑后动脉、大脑前动脉及椎-基底动脉等。

五、脑梗死的治疗时间窗是多久？

局部脑缺血由中心坏死区及周围脑缺血半暗带组成。坏死区中脑细胞死亡，缺血半暗带由于存在侧支循环，尚有大量存活的神经元。如果能在短时间内，迅速恢复缺血半暗带血流，该区脑组织损伤是可逆的，神经细胞有可能存活并恢复功能。但缺血脑组织即使很快恢复供血，还会发生一系列瀑布式缺血级联反应，继续造成脑损害。

随着缺血时间的延长和严重程度的加重，中心坏死区越来越大，缺血半暗带越来越小。大部分缺血半暗带存活的时间仅有数小时，因此，急性脑梗死的治疗必须在发病早期进行。如果脑组织已经发生坏死，这部分脑组织的功能必然出现损害，以后所有治疗方法都将无济于事，或只能让周围健存脑组织进行有限的部分功能代偿。有效挽救缺血半暗带脑组织的治疗时间，称为治疗时间窗。

目前研究表明，急性脑梗死溶栓治疗的时间窗一般不超过发病6小时，机械取栓时间窗不能超过8小时。

六、脑梗死的一般特点有哪些？

动脉粥样硬化性脑梗死多见于中老年，动脉炎性脑梗死以中青年多见。常在安静或睡眠中发病，部分病例有TIA前驱症状如肢体麻木、无力等，局灶性体征多在发病后10余小时或1～2日达到高峰，临床表现取决于梗死灶的大小和部位。患者一般意识清楚，当发生基底动脉血栓或大面积脑梗死时，可出现意识障碍，甚至危及生命。

七、脑梗死的临床类型有哪些？

1. 大面积脑梗死 通常由颈内动脉主干、大脑中动脉主干闭塞或皮质支完全性卒中所致，表现为病灶对侧完全性偏瘫、偏身感觉障碍及向病灶对侧凝视麻痹。病程呈进行性加重，易出现明显的脑水肿和颅内压增高征象，甚至发生脑疝死亡。

2. 分水岭脑梗死 是由相邻血管供血区交界处或分水岭区局部缺血导致，也称边缘带脑梗死，多因血流动力学原因所致。典型病例发生于颈内动脉严重狭窄或闭塞伴全身血压降低时。常呈卒中样发病，症状较轻，纠正病因后病情易得到有效控制。

3. 出血性脑梗死 是由于脑梗死灶内的动脉自身滋养血管同时缺血，导致动脉血管壁损伤、坏死，在此基础上如果血管腔内血栓溶解或其侧支循环开放等原因使已损伤血管血流得到恢复，则血液会从破损的血管壁漏出，引发出血性脑梗死，常见于大面积脑梗死后。

4. 多发性脑梗死　指两个或两个以上不同供血系统脑血管闭塞引起的梗死，一般由反复多次发生脑梗死所致。

八、脑梗死患者需要做哪些检查和化验?

1. 血液检查　血液检查包括血常规、血流变、血生化（包括血脂、血糖、肾功能、电解质）。这些检查有利于发现脑梗死的危险因素，对鉴别诊断也有价值。

2. 神经影像学检查　可以直观显示脑梗死的范围、部位、血管分布、有无出血、病灶的新旧等。发病后应尽快进行 CT 检查，虽早期有时不能显示病灶，但对排除脑出血至关重要。多数病例发病 24 小时后逐渐显示低密度梗死。发病后 2～15 日可见均匀片状或楔形的明显低密度灶。大面积脑梗死有脑积水和占位效应，出血性梗死呈混杂密度。

3. 腰椎穿刺检查　仅在无条件进行 CT 检查，临床又难以区别脑梗死与脑出血时进行，一般脑血栓形成患者脑脊液压力、常规及生化检查正常，但有时仍不能据此就一定诊断为脑梗死。

4. 超声心动图检查　可发现心脏附壁血栓、心房黏液瘤和二尖瓣脱垂，对脑梗死不同类型鉴别诊断有一定意义。

九、脑梗死患者需要做哪些影像学检查?

1. CT 检查　是最常用的检查，发病当天多无改变，但可除外脑出血，24 小时以后脑梗死区出现低密度灶，脑干和小脑梗死 CT 多显示不佳。

2. MRI 检查　可以早期显示缺血组织的大小、部位，甚至可以显示皮质下、脑干和小脑的小梗死灶。

3. TCD 检查　对判断颅内外血管狭窄或闭塞，血管痉挛、侧支循环建立程度有帮助，还可用于溶栓监测。

4. 数字减影血管造影（digital subtraction angiography，DSA）　可显示血栓形成的部位、程度和侧支循环，但不作为脑梗死的常规检查。

十、如何确诊患者有脑梗死?

中年以上的高血压及动脉硬化患者，静息状态下或睡眠中急性起病，迅速出现局灶性脑损害的症状和体征，并能用某一动脉供血区功能损伤解释，临床应考虑急性脑梗死可能。

CT 或 MRI 检查发现梗死灶可明确诊断。

有明显感染或炎症疾病史的年轻患者需考虑动脉炎致血栓形成的可能。

十一、什么是卒中单元?

卒中单元是指在医院的一定区域内，针对脑卒中患者的、具有诊疗规范和明确治疗目标的医疗综合体。它是可延伸到恢复期、后遗症期，针对卒中患者的一个完善的管理体系，其中包括社区医疗、家庭医疗以及各个收治机构。

卒中单元主要是以神经内科和 NICU 为依托，针对脑卒中患者制定规范和明确诊疗目标，由神经内科、急诊医学中心、神经介入治疗组、康复科、神经外科多学科专业人员讨论和护理的医疗综合体。卒中单元不是一种具体的疗法，而是针对卒中患者的科学管理系统，能充分体现以人为本的医疗服务理念，以及多学科密切配合的综合性治疗。

十二、什么是脑梗死的超早期、个体化和整体化治疗?

1. 超早期治疗　“时间就是大脑”，力争发病后尽早选用最佳治疗方案，挽救缺血半暗带。

2. 个体化治疗　根据患者年龄、缺血性卒中类型、病情严重程度和基础疾病等采取最适当的治疗。

3. 整体化治疗 采取诊断性治疗，进行支持疗法、对症治疗和早期康复治疗，对卒中危险因素及时采取预防性干预。

十三、脑梗死患者静脉溶栓的适应证是什么？

1. 年龄 18～80 岁；

2. 临床诊断急性缺血性卒中；

3. 发病至静脉溶栓治疗开始时间小于 4.5 小时；

4. 脑 CT 等影像学检查已排除颅内出血；

5. 患者或其家属签署知情同意书。

十四、常用的溶栓药物有哪些？

1. 尿激酶（urokinase，UK） 常用 100 万～150 万 U 加入 0.9%生理盐水 100～200ml，持续静脉滴注 30 分钟；

2. 注射用阿替普酶[爱通立（recombinat human tissue plasminogen activator，rt-PA）] 一次用量 0.9mg/kg，最大剂量＜90mg，先予 10%的剂量静脉推注，其余剂量持续静脉滴注，共 60 分钟。

十五、尿激酶的作用和不良反应分别是什么？

注射用尿激酶主要用于血栓栓塞性疾病的溶栓治疗，包括急性广泛性肺栓塞、冠状动脉栓塞和心肌梗死、急性期脑血管栓塞、视网膜动脉栓塞和其他外周动脉栓塞症状严重的髂-股静脉血栓形成者。也用于人工心脏瓣膜手术后预防血栓形成，保持血管插管和胸腔及心包腔引流管的通畅等。溶栓的疗效均需后继的肝素抗凝加以维持。

尿激酶临床最常见的不良反应是出血倾向。以注射或穿刺局部血肿最为常见，其次为组织内出血，发生率 5%～11%，多轻微，严重者可致脑出血。

十六、注射用阿替普酶的作用和不良反应分别是什么？

注射用阿替普酶是一种糖蛋白，注射后可导致纤维蛋白降解，溶解血块。其活性成分阿替普酶可以直接激活纤溶酶原转化为纤溶酶，适用于急性心肌梗死、急性大面积肺栓塞以及急性缺血性卒中发生后静脉溶栓。

最常见的不良反应就是出血，可导致血细胞比容和（或）血红蛋白下降，常发生血管损伤处出血（如血肿），注射部位处出血（如穿刺部位处出血、导管放置部位处血肿、导管放置部位处出血），治疗急性缺血性脑梗死患者时颅内出血（如脑出血、脑血肿、出血性卒中、卒中的出血性转变、颅内血肿、蛛网膜下腔出血）。

十七、溶栓的并发症有哪些？

溶栓治疗的主要危险是合并症状性脑出血，且约 1/3 症状性脑出血是致死性的。其他主要并发症包括：①梗死灶继发性出血或身体其他部位出血；②再灌注损伤和脑水肿；③溶栓后血管再闭塞。

十八、脑梗死患者如何进行动脉溶栓？

对大脑中动脉等大动脉闭塞引起的严重卒中患者，如果发病时间在 6 小时内（椎-基底动脉血栓可适当放宽治疗时间窗），经慎重选择后可进行动脉溶栓治疗。

常用药物为尿激酶和注射用阿替普酶，与静脉溶栓相比，可减少用药剂量，但需要在 DSA 的监测下进行。

动脉溶栓的适应证、禁忌证及并发症与静脉溶栓基本相同。

十九、脑梗死患者如何进行血压调控？

高血压的调控应遵循个体化、慎重、适度原则。在发病 24 小时内，为改善缺血脑组织的灌注，维持较高的血压是非常重要的，通常只有当收缩压＞ 200mmHg 或舒张压＞ 110mmHg 时，才需要降低血压（特殊情况如高血压脑病、蛛网膜下腔出血、主动脉夹层分离、心力衰竭和肾衰竭等除外）。

由于大部分患者在入院或发病数小时内出现自发性的血压显著下降,其血压增高也可能因为精神紧张、“白大褂高血压”、膀胱充盈等其他因素所致，此时给予降压药物治疗尤其要谨慎。

目前临床研究表明，急性缺血性卒中早期（24 小时～7 天）持续存在的高血压可以采取较为积极的降压治疗，一般将血压控制在收缩压≤185mmHg 或舒张压≤110mmHg 是安全的；病情较轻时甚至可以降低至 160/90mmHg 以下。但卒中早期降压 24 小时内不应超过原有血压水平的 15%。首选容易静脉点滴和对脑血管影响小的药物（如乌拉地尔注射液），避免舌下含服短效钙离子拮抗药（如硝苯地平）。

二十、脑梗死患者防治脑水肿的方法有哪些?

脑水肿多见于大面积梗死，脑水肿常于发病后 3～5 天达高峰。治疗目标是降低颅内压，维持足够脑灌注和预防脑疝发生。

可应用 20%甘露醇每次 125～250ml 静脉滴注，6～8 小时 1 次。对心、肾功能不全的患者，可改用呋塞米 20～40mg 静脉注射，6～8 小时 1 次；同时可酌情应用甘油果糖，每次 250～500ml 静脉滴注，1～2 次/日；另外，还可用注射用七叶皂苷钠或清蛋白辅助治疗。

二十一、脑梗死患者如何进行血糖调控?

脑卒中急性期高血糖较常见，可以是原有糖尿病的表现或应激反应。

应常规检查血糖，当超过 10.0mmol/L 时应立即予以胰岛素治疗，将血糖控制在 6.0～10.0mmol/L。

开始使用胰岛素时应 1～2 小时监测血糖 1 次，注意避免低血糖。发生低血糖时，可用 50%的葡萄糖注射液静脉注射予以纠正。

二十二、脑梗死患者如何进行抗血小板聚集治疗?

常用的抗血小板聚集药物包括阿司匹林和氯吡格雷。未行溶栓的急性脑梗死患者应在 48 小时之内尽早服用阿司匹林（150～325mg/d），2 周后按二级预防方案选择抗栓治疗药物和剂量。由于目前安全性还没有确定，一般不在溶栓后 24 小时内使用抗血小板或抗凝治疗，以免增加脑出血风险。对阿司匹林过敏或不能使用时，可用氯吡格雷替代。

二十三、阿司匹林的作用和不良反应分别是什么?

阿司匹林肠溶片（拜阿司匹林）为常用的抗血小板聚集药物，常与硫酸氢氯吡格雷片（波立维）联合用药，可降低急性心肌梗死疑似患者的发病风险，降低 TIA 及其继发脑卒中的风险，降低稳定性和不稳定性心绞痛患者的发病风险，降低动脉外科手术或介入手术后，如经皮冠状动脉腔内成形术（percutaneous transluminal coronary angioplasty，PTCA）、冠状动脉旁路移植术（coronary artery bypass surgery，CABG）、颈动脉内膜剥离术、动静脉分流术，预防大手术后深静脉血栓和肺栓塞的风险，降低心血管危险因素者（冠心病家族史、糖尿病、血脂异常、高血压、肥胖、抽烟史、年龄大于 50 岁者）心肌梗死发作的风险。

主要的不良反应是上、下胃肠道不适，如消化不良、胃肠道和腹部疼痛。由于阿司匹林对血小板的抑制作用，阿司匹林还可能增加出血的风险。一般于饭后整片吞服，不可空腹服用。

二十四、硫酸氢氯吡格雷的作用和不良反应分别是什么?

硫酸氢氯吡格雷为常用的抗血小板聚集药物，常与阿司匹林联合用药，用于以下患者的预防动脉粥样硬化血栓形成事件：近期心肌梗死患者（从几天到小于 35 天），近期缺血性卒中患者（从 7 天到小于 6 个月）或确诊外周动脉性疾病的患者。

患者对硫酸氢氯吡格雷的耐受性比阿司匹林要好，主要的不良反应是出血的风险，故有出血风险的患者慎用。

二十五、脑血栓形成患者如何进行抗凝治疗？

主要包括肝素、低分子肝素和华法林。一般不推荐急性期应用抗凝药来预防卒中复发、阻止病情恶化或改善预后。但对于合并高凝状态有形成深静脉血栓和肺栓塞的高危患者，可以使用预防性抗凝治疗。

二十六、低分子肝素钙注射液的作用和不良反应分别是什么？

低分子肝素钙注射液（速碧林）是常用的抗凝治疗药物，一般皮下注射，用于预防静脉血栓栓塞性疾病，治疗已形成的深静脉血栓。联合阿司匹林用于不稳定性心绞痛和非 Q 波性心肌梗死急性期的治疗。在血液透析中预防体外循环中的血凝块形成。

不良反应是偶有血小板减少症、出血迹象，在注射部位发生皮肤坏死、血肿等，用药过程中应监测血小板计数及患者局部皮肤出血情况。

二十七、脑梗死患者如何进行脑保护治疗？

脑保护药包括自由基清除药、阿片受体拮抗药、兴奋性氨基酸受体阻断药和镁离子等，可通过降低脑代谢、干预缺血引发细胞毒性机制减轻缺血性脑损伤。

大多数脑保护药在动物实验中显示有效，但目前还没有一种脑保护药被多中心、随机双盲的临床试验研究证实有明确疗效。

二十八、依达拉奉注射液的作用和不良反应分别是什么？

依达拉奉注射液（必存）是一种脑保护药（自由基清除药）。依达拉奉可清除自由基，抑制脂质过氧化，从而抑制脑细胞、血管内皮细胞、神经细胞的氧化损伤。

不良反应是可能使肾衰竭加重、肝功能损害加重，故有轻、中度肾功能损害和肝功能损害的患者慎用。

二十九、盐酸法舒地尔注射液的作用和不良反应分别是什么？

盐酸法舒地尔注射液（川威）只可静脉滴注使用，可使血管扩张，适用于改善和预防蛛网膜下腔出血术后的脑血管痉挛及引起的脑缺血症状。

不良反应是在用药过程中可能会出现消化道出血、肺出血、鼻出血、皮下出血等。

三十、胞磷胆碱钠注射液的作用和不良反应分别是什么？

胞磷胆碱钠注射液通过降低脑血管阻力，增加脑血流而促进脑物质代谢，改善脑循环，用于急性颅脑外伤和脑部手术术后的意识障碍的治疗。脑出血急性期不宜大剂量应用。一般静脉滴注用药，肌内注射一般不采用，若用时应经常更换注射部位。

不良反应比较少，偶有一过性血压下降、失眠、兴奋及给药后发热等，停药后即可消失。

三十一、奥拉西坦注射液的作用和不良反应分别是什么？

奥拉西坦注射液（欧兰同）可促进磷酰胆碱和磷酰乙醇胺合成，提高大脑中 ATP/ADP 的比值，使大脑中蛋白质和核酸的合成增加。用于脑损伤及其引起的神经功能缺失、记忆与智能障碍的治疗，改善老年性痴呆和记忆障碍症患者的记忆和学习功能。

奥拉西坦的不良反应少见，偶见皮肤瘙痒、恶心、精神兴奋、头晕、头痛、睡眠紊乱，但症状较轻，停药后可自行恢复。

三十二、单唾液酸四己糖神经节苷脂的作用和不良反应分别是什么？

单唾液酸四己糖神经节苷脂钠注射液（申捷）系自猪脑中提取制得的对神经细胞功能损伤具有作用的物质，能促进由于各种原因引起的中枢神经系统损伤的功能恢复，对损伤后继发性神经退化有保护作用。

不良反应是少数患者会出现皮疹反应，应建议停用。

三十三、前列地尔注射液的作用和不良反应分别是什么？

前列地尔注射液（凯时）具有扩张血管、抑制血小板凝集的作用。用于治疗慢性动脉闭塞症（血栓闭塞性脉管炎、闭塞性动脉硬化症）引起的四肢溃疡及微小血管循环障碍引起的四肢静息疼痛，改善心脑血管微循环障碍。

最常见不良反应是注射部位有时出现血管疼痛、发红、发硬、瘙痒等，偶见休克，要注意观察，发现异常现象时，立刻停药，并采取适当的措施。

三十四、注射用血塞通的作用和不良反应分别是什么？

注射用血塞通是一种活血祛瘀、通脉活络中成药，用于中风偏瘫、瘀血阻络证及脑血管疾病后遗症、胸痹心痛等疾病的治疗。

常见不良反应是头面部发红、潮红，轻微皮疹，轻微头胀等，偶见寒战、发热、胸闷等现象。禁用于脑出血急性期，禁用于既往对人参、三七过敏的患者，禁用于对乙醇高度过敏的患者。

三十五、脑梗死如何进行高压氧舱治疗？

高压氧治疗可增加血氧含量，迅速改善脑与机体的缺氧，高压氧可提高血浆内的物理溶解氧量，使血氧分压增高，血管弥散能力增强，保证脑组织的有氧代谢。高压氧可减轻脑水肿，迅速降低颅内压。

医用空气氧舱治疗压力为 0.2Mpa，等速加压 20min，面罩吸氧 30min，休息 10min，面罩吸氧 30min，等速减压 20min。每日治疗 1 次，10 次为 1 个疗程。1 个疗程中间休息 2 天，最长治疗 6 个疗程，最短治疗 2 个疗程。

三十六、脑梗死患者如何进行中医治疗？

临床中也有应用丹参、川芎嗪、三七和葛根素等，以通过活血化瘀改善脑梗死症状，但目前尚缺乏大规模临床试验证据。

三十七、脑梗死患者如何进行介入治疗？

机械取栓治疗的时间窗为 8 小时，一般在动脉溶栓无效时使用，也可合并其他血管内治疗包括经皮腔内血管成形术和血管内支架置入术等。

血管内治疗是新近问世的技术，目前尚没有长期随访的大规模临床研究，故应慎重选择。

三十八、脑梗死患者如何进行康复治疗？

康复治疗应早期进行，并遵循个体化原则，制定短期和长期治疗计划，分阶段、因地制宜地选择治疗方法，对患者进行针对性体能和技能训练，降低致残率，促进神经功能恢复，提高生活质量，早日重返社会。

三十九、脑梗死患者的心理护理要点是什么？

因偏瘫、失语及肢体和语言功能恢复速度慢、需时长，日常生活需要依赖他人照顾，可使患者产生焦虑、抑郁等心理问题，进而影响患者康复和生活质量。

应关心、尊重患者，鼓励其表达自己的感受，避免任何刺激和伤害患者的言行。多与患者和其家属沟通，耐心解答患者和其家属提出的问题，解除患者思想顾虑。并鼓励患者和其家属主动参与治疗、护理活动。

四十、脑梗死患者的用药护理要点是什么？

患者常接受联合应用溶栓、抗凝、脑代谢活化药等多种药物治疗。

护士应熟悉患者所用药物的药理作用、用药注意事项、不良反应和观察要点，遵医嘱正确用药。

四十一、脑梗死患者吞咽障碍的病情评估要点有哪些？

观察患者能否经口进食及进食类型（固体、流质、半流质）、进食量和进食速度，饮水时有无呛咳；评估患者吞咽功能，有无营养障碍等。

四十二、脑梗死患者的饮食护理要点有哪些？

1. 体位选择 选择既安全又有利于进食的体位。能坐起的患者取坐位进食，头略前屈，不能坐起的患者取仰卧位将床头摇起 30°，头下垫枕使头部前屈。此种体位下进食，食物不易从口腔漏出，又有利于食团向舌根运送，还可以减少向鼻腔逆流及误吸的危险。

2. 食物的选择 选择患者喜爱的营养丰富易消化的食物，注意食物的色、香、味及温度。为防止误吸，便于食物在口腔内的移送和吞咽，食物应符合：柔软、密度与性状均一；不易松散有一定黏度；能够变形，利于顺利通过口腔和咽部；不易粘在黏膜上。故可将食物调成糊状或通过烹调时勾芡，使食物易于形成食团便于吞咽。

3. 吞咽方法的选择 空吞咽和吞咽食物交替进行；侧方吞咽；吞咽时头侧向健侧肩部，防止食物残留在患者侧梨状隐窝内，尤其适合偏瘫的患者；点头样吞咽（吞咽时，配合头部前屈、下颌内收如点头样的动作，加强对气道的保护，利于食物进入食管）。

4. 对不能吞咽的患者，应予鼻饲饮食 教会照顾者鼻饲的方法及注意事项，加强留置胃管的护理。

四十三、脑梗死患者防误吸护理要点有哪些？

1. 因疲劳有增加误吸的危险，所以进食前应注意休息；

2. 应保持进餐环境的安静、舒适；

3. 告知患者进餐时不要讲话，减少进餐时环境中分散注意力的干扰因素，如关闭电视和收音机、停止护理活动等，以避免呛咳和误吸；

4. 因用吸管饮水需要比较复杂的口腔肌肉功能，所以，患者不可用吸管吸水、饮茶，用杯子饮水时，保持水量在半杯以上，以防患者低头饮水的体位增加误吸危险；

5. 床旁备吸引装置，如果患者呛咳、误吸或呕吐，应立即指导其取头侧位，及时清理口、鼻腔内分泌物和呕吐物，保持呼吸道通畅，预防窒息和吸入性肺炎。

四十四、甘露醇应用的护理要点是什么？

1. 选择较粗大的静脉给药，以保证药物能快速静滴（250ml 药液在 15～30 分钟内滴完），注意观察用药后患者的尿量和尿液颜色，准确记录 24 小时出入量；

2. 定时复查尿常规、血生化和肾功能，观察有无药物结晶阻塞肾小管所致少尿、血尿、蛋白尿及血尿素氮升高等急性肾衰竭的表现；

3. 观察有无脱水速度过快所导致头痛、呕吐、意识障碍等低颅压综合征的表现，并注意与高颅压鉴别。

四十五、溶栓和抗凝药物应用的护理要点是什么？

1. 应严格掌握药物剂量，监测出凝血时间和凝血酶原时间，观察有无黑便、牙龈出血、皮肤瘀斑等出血表现。

2. 密切观察症状和体征的变化，如患者原有症状和体征加重，或出现严重头痛、血压增高、脉搏减慢、恶心呕吐等，应考虑继发颅内出血，立即停用溶栓和抗凝药物，协助紧急头颅 CT 检查。

3. 观察有无栓子脱落所致其他部位栓塞的表现，如肠系膜上动脉栓塞引起的腹痛、下肢静脉栓塞所致皮肤肿胀、发红及肢体疼痛和功能障碍，发现异常应及时报告医师处理。

四十六、脑血栓形成患者的预后如何？

脑血栓形成急性期病死率约为 10%，致残率达 50%以上，可复发，且复发次数越多，病死率和致残率越高。影响预后的因素较多，最重要的是神经功能缺损的严重程度、患者年龄和疾病病因等。积极处理各项可干预的脑卒中危险因素和应用抗血小板聚集药物，可降低卒中复发的危险性。

四十七、什么是脑栓塞？

脑栓塞是指各种栓子随血流进入颅内动脉使血管腔急性闭塞或严重狭窄，引起相应供血区脑组织发生缺血坏死及功能障碍的一组临床综合征，约占全部脑梗死的 1/30，脑栓塞临床上主要指心源性脑栓塞。研究表明，心源性脑栓塞较大动脉粥样硬化型脑梗死可能更常见。

四十八、脑栓塞患者的血栓来源有哪些？

根据栓子来源可分为心源性、非心源性和来源不明性 3 种。

1. 心源性　占脑栓塞的 60%～75%，栓子在心内膜和瓣膜产生，脱落入脑后致病。主要见于心房颤动（atrial fibrillation，AF）、心脏瓣膜病、心肌梗死等疾病。

2. 非心源性　指源于心脏以外的栓子随血流进入脑内造成脑栓塞。常见的原因有动脉粥样硬化斑块脱落性血栓栓塞、脂肪栓塞、空气栓塞、癌栓塞等。

3. 来源不明性　少数病例查不到栓子来源。

四十九、脑栓塞的临床表现有哪些？

不同部位的血管栓塞会造成相应的血管闭塞综合征，与脑血栓形成相比，脑栓塞容易复发和出血。

脑栓塞的病情波动比较大，发病之初严重，但因为血管的再通，部分病例临床症状可迅速缓解；有时因并发出血，临床症状可急剧恶化；有时因栓塞再发，稳定或一度好转的局灶性体征可再次加重。

如果是因为感染性栓子栓塞所致的脑栓塞，并发颅内感染者，大多病情比较危重。

五十、脑栓塞患者需要做哪些检查和化验？

1. CT 和 MRI 检查　可显示缺血性梗死或出血性梗死改变，合并出血性梗死高度支持脑栓塞诊断。CT 检查在发病后 24～48 小时内可见病变部位呈低密度改变，发生出血性梗死时可见低密度梗死区出现 1 个或多个高密度影。MRI 可发现颈动脉狭窄或闭塞。

2. 脑脊液检查　一般压力正常，压力增高提示大面积脑梗死，如非必要尽量避免行此项检查。出血性梗死脑脊液可呈血性或镜下红细胞；感染性脑栓塞如亚急性细菌性心内膜炎产生含细菌栓子，脑脊液细胞数明显增高，早期中性粒细胞为主，晚期淋巴细胞为主；脂肪栓塞脑脊液可见脂肪球。

3. 心电图检查　应常规检查，作为确定心肌梗死和心律失常的依据。脑栓塞作为心肌梗死首发症状并不少见，更需注意无症状性心肌梗死。

4. 超声心动图检查　可了解是否存在心源性栓子。

5. 颈动脉超声检查　可评价颈动脉管腔狭窄程度及动脉硬化斑块情况，对证实颈动脉源性栓塞有一定的意义。

五十一、如何确诊患者患有脑栓塞？

患者骤然起病，数秒至数分钟达到高峰，出现偏瘫、失语等局灶性神经功能受损，既往有栓子来源的基础疾病，如心脏病、严重骨折等病史，可初步作出临床诊断。

如合并其他脏器栓塞则更支持诊断。

CT 和 MRI 检查可确定脑栓塞部位、数目及是否伴发出血，有助于明确诊断。

五十二、脑栓塞患者的治疗需要注意什么？

主要是改善循环、减轻脑水肿、防止出血、减小梗死范围。注意在合并出血性梗死时，应暂停溶栓、抗凝和抗血小板药，防止出血加重。

五十三、脑栓塞患者如何进行原发病治疗？

针对性治疗原发病有利于脑栓塞病情控制和防止复发。对感染性栓塞应使用抗生素，并禁用溶栓和抗凝治疗，防止感染扩散；对脂肪栓塞，可采用肝素、5%碳酸氢钠及脂溶药，有助于脂肪颗粒溶解；有心律失常者，应予以纠正；空气栓塞者可进行高压氧治疗。

五十四、脑栓塞患者的预后如何？

脑栓塞预后与被栓塞血管大小、栓子数目及栓子性质有关。脑栓塞急性期病死率为 5%～15%，多死于严重脑水肿、脑疝、肺部感染和心力衰竭。

心肌梗死所致脑栓塞预后较差，存活的脑栓塞患者多遗留严重后遗症。

如栓子来源不能消除，10%～20%的脑栓塞患者可能在病后 1～2 周内再发第二次栓塞，再发病死率高。

约 2/3 的患者留有偏瘫、失语、癫痫发作等不同程度的神经功能缺损。

第三节　脑　出　血

一、什么是脑出血（ICH）？

脑出血（intracerebral hemorrhage，ICH）是指原发性非外伤性脑实质内血管破裂引起的出血，占急性脑血管病的 20%～30%，急性期病死率为 30%～40%。在脑出血中大脑半球出血占 80%，脑干和小脑出血占 20%。发生的原因主要与脑血管病变有关，即与高血脂、糖尿病、高血压、血管老化、吸烟等密切相关。脑出血患者往往由于情绪激动、费劲用力时突然发病，早期病死率很高，幸存者中多数留有不同程度的运动障碍、认知障碍、言语吞咽障碍等后遗症。

二、脑出血常见的病因有哪些？

1. 高血压并发细小动脉硬化　为脑出血最常见的病因，多数在高血压和动脉硬化并存情况下发生。

2. 颅内动脉瘤　主要为先天性动脉瘤，少数是动脉硬化性动脉瘤和外伤性动脉瘤。动脉瘤经血流漩涡和血压冲击，常使其顶端增大、破裂。

3. 脑动静脉畸形　因血管壁发育异常，常较易出血。

4. 其他　包括脑动脉炎（特异性动脉炎、真菌性动脉炎）、脑底异常血管网症（moyamoya 病、烟雾病）、血液病（白血病、再生障碍性贫血、血小板减少性紫癜、血友病等）、抗凝及溶栓治疗、淀粉样脑血管病、脑肿瘤细胞侵袭血管或肿瘤组织内的新生血管破裂出血、囊性血管瘤、颅内静脉血栓形成、动脉解剖变异、血管炎、瘤卒中等；用力过猛、气候变化、不良嗜好（吸烟、酗酒、食盐过多、体重过重）、血压波动、情绪激动、过度劳累等为诱发因素。

三、为什么高血压患者易发生脑出血？

1. 高血压是动脉粥样硬化的原因之一，可促进动脉硬化和形成微型动脉瘤。血压高时，由于小动脉的长期加压作用，使动脉内膜增厚，发生玻璃样变性、纤维化增生，以致形成小动脉硬化。这种小的脑实质内穿透动脉在长期高血压作用下，常有微型动脉瘤形成。主要分布于基底神经节和脑桥。微型动脉瘤壁较薄弱，当血压骤然上升时，动脉瘤易破裂产生脑出血。

2. 由于长期高血压的作用，可导致脑动脉产生一些特殊病理变化，使已经硬化的动脉血管内膜完整性破坏，促进血浆中的脂质通过破损处进入内膜，使动脉壁发生脂肪玻璃样变或纤维素样坏死，增加了血管壁脆性，当情绪激动、劳累或用力排便等时，造成血压进一步增高，就易引起血管破裂，发生脑出血。

由此可见，高血压患者潜藏着发生脑出血的两大病理基础，一是脑动脉粥样硬化，二是微动脉瘤、夹层动脉瘤等脑血管特殊病理变化，就像埋下两颗脑出血的“定时炸弹”，一旦血压骤升，就易发生脑出血。

四、脑出血的临床特点有哪些？

1. 高血压性脑病出血常发生于 50～70 岁，男性略多，冬春季易发。

2. 发病前常无预感，少数有头晕、头痛、肢体麻木和口齿不清等前驱症状，多在情绪紧张、兴奋、排便、用力时发病。

3. 起病突然，往往在数分钟至数小时内，病情发展至高峰，血压常明显升高，并出现头痛、呕吐、偏瘫、失语、意识障碍、大小便失禁等，呼吸深沉，带有鼾声，重则呈潮式呼吸或不规则呼吸。

五、脑出血常见有哪些部位的出血？

1. 壳核出血 最为常见，占脑出血的 50%～60%，最常累及内囊而出现偏瘫（92%）、偏身感觉障碍（42%）及偏盲，优势半球出血可有失语。

2. 丘脑出血 约占脑出血的 20%。常为丘脑膝状体动脉引起的丘脑外侧核出血或丘脑穿通动脉破裂引起丘脑内侧核出血。

3. 脑干出血 约占 10%，绝大多数为脑桥出血。

4. 脑叶出血 占脑出血的 5%～10%，以额、顶、颞多见。

5. 小脑出血 约占脑出血的 10%。

6. 脑室出血 占脑出血的 5%～10%，当血肿破入脑室中时称继发性脑室出血，如尾状核头、丘脑、壳核等出血破入脑室。

六、脑出血患者需要做哪些检查和化验？

1. CT 检查 颅脑 CT 扫描是诊断脑出血首选的重要方法，可清楚显示出血部位、出血量大小、血肿形态、是否破入脑室及血肿周围有无低密度水肿带和占位效应等，病灶多呈圆形或卵圆形均匀高密度区，边界清楚，脑室大量积血时多呈高密度铸型，脑室扩大。1 周后血肿周围有环形增强，血肿吸收后呈低密度或囊性变，动态 CT 检查还可以评价出血的进程情况。

2. MRI 和磁共振血管成像（magnetic resonance angiography，MRA）检查 对发现结构异常，明确脑出血的病因很有帮助，对检出脑干和小脑的出血处和监测脑出血的演进过程优于 CT 扫描，对急性脑出血诊断不及 CT。脑出血时 MRI 影响变化规律如下：①超急性期（＜24 小时），血肿为长 T1、长 T2 信号，与脑梗死、水肿不易鉴别；②急性期（2～7 天）为等 T1、短 T2 信号；③亚急性期（8 天至 4 周）为短 T1、长 T2 信号；④慢性期（＞4 周）为长 T1、长 T2 信号，MRA 可发现脑血管畸形、血管瘤等病变。

3. 脑脊液检查 脑出血患者一般无需进行腰椎穿刺检查，以免诱发脑疝形成，如需排除颅内感染和蛛网膜下腔出血，可谨慎进行。

4. DSA 检查 脑出血患者一般不需进行 DSA，除非疑有血管畸形、血管炎，又需外科手术或血管介入治疗时才考虑进行，DSA 可清楚显示异常血管和造影剂外漏的破裂血管及部位。

5. 其他检查 包括血常规、血液生化、凝血功能、心电图检查和胸部 X 线摄片检查，外周白细胞可暂时增高，血糖和尿素氮水平也可暂时升高，凝血活酶时间和部分凝血活酶时间异常提示有凝血功能障碍。

七、如何确诊患者患有脑出血？

脑出血诊断的主要依据以下 6 点：

1. 大多数为 50 岁以上，有较长期的高血压动脉硬化病史；

2. 体力活动或情绪激动时突然发病，有头痛、呕吐、意识障碍等症状；

3. 发病快，在几分钟或者几小时内出现肢体功能障碍及颅内压增高的症状；

4. 查体有神经系统定位体征；

5. 脑 CT 扫描检查可见脑内血肿呈高密度区域，对直径＞1.5cm 的血肿均可精确提示，可确定出血的部位、血肿大小、是否破入脑室、有无脑水肿的脑疝形成，确诊以脑 CT 扫描见到出血病灶为准，CT 对脑出血几乎 100%确诊；

6. 腰穿可见血性脑脊液，目前已很少根据脑脊液确诊脑出血。

八、脑出血的一般治疗方法是什么？

1. 卧床休息 2～4 周，保持安静，避免情绪激动和血压升高，严密观察体温、脉搏、呼吸和血压等生命体征，注意瞳孔变化和意识改变。

2. 保持呼吸道通畅，清理呼吸道分泌物或吸入物，如果氧分压＜60mmHg 或二氧化碳分压＞50mmHg 应吸氧，使动脉血氧饱和度维持在 90%以上，二氧化碳分压保持在 25～35mmHg 之间，必要时及时行气管切开术；有意识障碍、消化道出血者宜禁食 24～48 小时，必要时应排空胃内容物。

3. 水电解质平衡和营养，每日入液量可按尿量+500ml 计算，如有高热、多汗、呕吐或者腹泻者，可适当增加入液量，维持中心静脉压 5～12mmHg 或肺动脉楔压在 10～14mmHg 水平，注意防止低钠血症，以免加重脑水肿。每日补钠 50～70mmol/L，补钾 40～50mmol/L，糖类 13.5～18.0g，补充热量（6.280～7.536）$\times 10^6$J/d。

九、脑出血患者的血压如何调控？

一般来说，当血压≥200/110mmHg，应采取降压治疗，使血压维持在略高于发病前水平；当血压＜180/105mmHg 时，可暂不使用降压药，收缩压在 180～200mmHg 或舒张压 100～110mmHg 之间时，需密切监测血压。

即使应用降压治疗，也需避免应用强降压药，防止因血压下降过快引起脑低灌注；收缩压＜90mmHg，有急性循环功能不全征象，应及时补充血容量，适当给予升血压治疗，维持足够的脑灌注，脑出血恢复期应积极控制血压，尽量将血压控制在正常范围内。

十、脑出血患者如何进行脱水降颅压治疗？

1. 甘露醇　通常 125～250ml，快速静脉滴入，每 6～8 小时 1 次，疗程 7～10 天；如有脑疝形成的征象可快速加压静脉滴注或静脉推注；冠心病、心肌梗死、心力衰竭和肾功能不全者宜慎用。

2. 利尿药　呋塞米较常用，每次 20～40mg，每日 2～4 次静脉注射，常与甘露醇交替使用可增强脱水效果，用药过程中应注意监测肾功能和水电解质平衡。

3. 甘油果糖　500ml 静脉滴注，每日 1～2 次，3～6 小时滴完，脱水、降颅压作用较甘露醇缓和，用于轻症患者、重症患者的病情好转期和肾功能不全患者。

4. 人血白蛋白　50～100ml 静脉滴注，每日 1 次，对低蛋白血症的患者更适用，可提高胶体渗透压，作用较持久。

十一、甘露醇注射液的作用和不良反应分别是什么？

甘露醇是一种高渗性的组织脱水剂，临床上广泛应用于治疗脑水肿，预防急性肾衰，治疗青光眼，加速毒物及药物从肾脏的排泄。是临床抢救特别是脑部疾患抢救常用的一种药物，具有降低颅内压所要求的降压快、疗效准确的特点。

不良反应是引起水、电解质紊乱以及由于药物外渗导致的皮肤坏死。

十二、呋塞米（速尿）的作用和不良反应分别是什么？

呋塞米是一种利尿药，其利尿作用迅速、强大。临床上常用于心力衰竭、肾性水肿，肝硬化腹水、降压等。

常见的不良反应是引起水、电解质紊乱，尤其是大剂量或长期应用时，出现如体位性低血压、休克、低钾血症、低氯血症、低氯性碱中毒、低钠血症、低钙血症以及与此有关的口渴、乏力、肌肉酸痛、心律失常等。

十三、甘油果糖氯化钠注射液的作用和不良反应分别是什么？

甘油果糖氯化钠注射液是高渗制剂，通过高渗透性脱水，能使脑水分含量减少，降低颅内压。其降低颅内压的作用起效较缓慢，且持续时间较长。适应证用于脑血管病、脑外伤、脑肿瘤、颅内炎症及其他原因引起的急慢性颅内压增高、脑水肿等症。

甘油果糖氯化钠注射液一般无不良反应，偶可出现瘙痒、皮疹、头痛、恶心、口渴和溶血现象等。

十四、脑出血患者如何进行止血和凝血治疗？

止血药和凝血药仅用于并发消化道出血或有凝血障碍时，可针对性给予止血药物治疗，例如肝素治疗并发脑出血可用鱼精蛋白中和，华法林治疗并发脑出血可用维生素K1治疗，常用药物还有6-氨基己酸、对羧基苄胺、氨甲环酸、酚磺乙胺、仙鹤草素等。应激性溃疡导致的消化道出血时，西咪替丁、奥美拉唑等静脉滴注，对预防和控制消化道出血有较好的效果。

十五、脑出血患者如何进行手术治疗？

对大脑半球出血量在30ml以上和小脑出血量在10ml以上者，均可考虑手术治疗。开颅清除血肿，对破入脑室者，可行脑室穿刺引流。经皮颅骨钻孔，血肿穿刺抽吸术亦为可行治疗方法。

十六、脑出血患者如何行亚低温治疗？

亚低温治疗在临床上又称冬眠疗法或人工冬眠，它是利用对中枢神经系统具有抑制作用的镇静药物，使患者进入睡眠状态，再配合物理降温，使患者体温处于一种可控性的低温状态。根据治疗温度的不同，分为深低温治疗（<30℃或28℃），亚低温治疗（30～35℃）等。

降温：首先遵医静脉滴注冬眠药物，待患者进入昏睡状态后，方可开始物理降温，采用亚低温治疗仪，12小时内使直肠温度降至35℃，维持在33～34℃。亚低温持续治疗时间根据病情而定，一般持续3～7天病情重者可适当延长时间，但一般不超过10天，温度不低于33℃，治疗期间检测体温、心率、血压等。

复温：先撤除物理降温，后停止使用药物，禁止复温过快，否则易引起复温性休克。若设定体温32～35℃，可直接停机。若体温在32℃以下，一般将体温缓慢恢复至32℃，平均每4小时升高1℃，10～12小时恢复至37℃左右。复温时可适当使用肌松药和镇静药预防肌颤。

十七、脑出血患者并发症如何防治？

1. 感染 发病早期病情较轻又无感染证据者，一般不建议常规使用抗生素；合并意识障碍的老年患者易并发肺部感染，或因导尿等易合并尿路感染，可给予预防性抗生素治疗；如果已经出现系统感染，可根据经验或痰培养、尿培养及药物敏感实验结果选用抗生素；尿潴留者要留置导尿管，必要时进行膀胱冲洗。

2. 应激性溃疡 可引起消化道出血，对重症或高龄患者应预防应用H_2受体阻滞剂；一旦出血应按上消化道出血的治疗进行常规处理，如应用冰盐水洗胃或局部止血药等。

3. 脑耗盐综合征 系因心房钠尿肽（心钠素）分泌过多所致的低钠血症，治疗时应输液补钠。

4. 痫性发作 有癫痫频繁发作者可静脉缓慢推注安定10～20mg，或苯妥英钠15～20mg/kg缓慢静脉推注控制发作，一般不需长期治疗。

5. 中枢性发热 大多采用药物降温。

6. 下肢深静脉血栓形成或肺栓塞 一旦发生，应给予普通肝素100mg静脉滴注，或低分子肝素4000U皮下注射，每日2次，对高龄、衰弱的卧床患者也可酌情给予预防性治疗。

十八、脑出血患者早期如何行康复训练？

1. 重视患者刺激 通常患侧的体表感觉、视觉和听觉减少，加强患者刺激可以对抗其感觉丧失，避免忽略患侧身体和患侧空间。房间的布置应尽可能使患侧在白天自然地接受更多刺激，所有护理工作应在患侧进行；家属与患者交谈时也应握住患侧手，引导患者头偏向患侧；避免手的损伤，尽量不在患肢静脉输液；慎用热水袋热敷等。

2. 保持良好的肢体位置 正确的卧位姿势可以减轻患肢痉挛、水肿、增加舒适感。患者卧床时床应放平，床头不宜过高，尽量避免半卧位和不舒适的体位；不在足部放置坚硬物体；不同体位均应备数个不同大小和形状的软枕以支持；避免被褥过重或太紧等。

3. 体位变换（翻身） 翻身主要是躯干的旋转，它能刺激全身反应与活动，是抑制痉挛和减少患侧受压最具治疗意义的活动。患侧卧位：是所有体位中最重要的体位，肩关节向前伸展并外旋，肘关节伸展，前臂旋前，手掌向上放在最高处，患腿伸展、膝关节轻度屈曲等；仰卧位：为过渡性体位，因为受颈牵张性反射和迷路反射的影响，异常反射活动增强，应尽可能少用；健侧卧位：患者前屈，手平放于枕头上，伸肘，下肢患侧膝、髋屈曲，髋稍内旋。偏瘫、截瘫患者每 2～3 小时翻身 1 次。

4. 床上运动训练 正确的运动训练有助于缓解痉挛和改善已形成的异常运动模式。

（1）Bobath 握手：教会患者如何放松上肢和肩胛痉挛，并保持关节被动上举，可避免手僵硬收缩，同时也使躯干活动受到刺激，对称性运动和负重得到改善。应鼓励患者每天多次练习，即使静脉输液，也应小心的继续上举其患肢，以充分保持肩关节无痛范围的活动。

（2）桥式运动（选择性伸髋）：训练用患腿负重，抬高和放下臀部，为患者行走做准备，可以防止患者在行走中的膝关节锁住（膝过伸位）。

（3）关节被动运动：进行每个关节各方位的被动运动，可维持关节活动度，预防关节僵硬和肢体挛缩畸形。

（4）起坐训练：鼓励患者每早从床上坐起来，由侧卧位开始，健足推动患足，将小腿移至床缘外。坐位时应保持患者躯干直立，可用大枕垫于身后，髋关节屈曲 90°，双上肢置于移动桌上，防止躯干后仰，肘及前臂下方垫软枕以防肘部受压。轮椅活动时，应在轮椅上放一桌板，保证手不悬垂在一边。

十九、脑出血患者恢复期如何行康复训练？

主要包括转移动作训练、坐位训练、站立训练、步行和实用步行训练、平衡共济训练、日常生活活动训练等。

上肢功能训练一般采用运动疗法和作业疗法相结合；下肢功能训练主要以改善步态为主。具体方法有踝关节选择性背屈、患侧下肢负重及平衡能力训练等。

二十、脑出血患者休息与安全方面的护理要点是什么？

急性期绝对卧床休息 2～4 周，抬高床头 15°～30°，以减轻脑水肿；谵妄、躁动病人加保护性床栏，必要时给予约束带适当约束；保持环境安静、安全，严格限制探视，避免各种刺激，各项治疗护理操作应集中进行。

二十一、脑出血患者的生活护理要点是什么？

1. 给予高蛋白、高维生素的清淡饮食。昏迷或有吞咽障碍者，发病第 2～3 天应遵医嘱胃管鼻饲。

2. 做好口腔护理、皮肤护理和大小便护理，每天床上擦浴 1～2 次，每 2～3 小时应协助变换体位 1 次，注意保持床单位整洁、干燥，有条件应使用气垫床或自动减压床，以预防压疮。

3. 发病后头 24～48 小时在变换体位时应尽量减少头部的摆动幅度，以防加重出血。

4. 保持肢体功能位置，指导和协助肢体被动运动，预防关节僵硬和肢体挛缩畸形。

二十二、脑出血患者的病情观察要点是什么？

1. 严密观察病情变化，定时测量生命体征，密切观察意识、瞳孔变化情况并记录；

2. 使用脱水药物降颅内压时，注意监测尿量与水电解质的变化，防止低钾血症和肾功能受损。

3. 密切观察有无并发症，若有异常及时报告医师进行处理。

二十三、脑出血患者脑疝风险的护理要点是什么？

1. 病情监测　评估患者有无脑疝的先兆表现，应严密观察患者有无剧烈头痛、喷射性呕吐、躁动不安、血压升高、脉搏减慢、呼吸不规则、一侧瞳孔散大、意识障碍加重等表现，一旦出现，应立即报告医师。

2. 配合抢救　保持呼吸道通畅，防止舌后坠和窒息，及时清理呕吐物和口鼻分泌物；迅速吸氧；建立静脉通道，遵医嘱给予快速脱水、降颅压药物；备好气管切开包、脑室穿刺引流包、监护仪、呼吸机和抢救药物。

二十四、脑出血患者上消化道出血风险的护理要点是什么？

1. 病情监测　注意观察患者有无呃逆、上腹部饱胀不适、胃痛、呕血、尿量减少等症状和体征；胃管鼻饲的患者，注意回抽胃液，并观察胃液颜色是否为咖啡色或者血性，观察有无黑便，如有异常及时报告医师并留取标本检测大便潜血试验。如患者出现呕吐或从胃管抽出咖啡色液体，解柏油样大便，同时伴面色苍白、口唇发绀、呼吸急促、皮肤湿冷、烦躁不安、血压下降、尿少等，应考虑上消化道出血和出血性休克，要立即报告医师，积极止血、抗休克处理。

2. 饮食护理　遵医嘱禁食，或给予清淡、易消化、无刺激、营养丰富的流质饮食，注意少量多餐和温度适宜，防止损伤胃黏膜。

3. 用药护理　遵医嘱给予保护胃黏膜和止血的药物，如雷尼替丁、吉维乐凝胶、巴曲酶、奥美拉唑等，并密切观察用药后反应。

4. 心理护理　告知患者和其家属上消化道出血的原因，安慰患者，消除其紧张情绪；创造安静舒适的环境，保证患者休息。

二十五、脑出血患者的预后如何？

脑出血死亡率约为40%左右，脑水肿、颅内压增高和脑疝形成是致死的主要原因。

根据患者年龄、性别及个人体质不同，以及脑出血的部位、出血量、是否合并其他疾病等，不同患者预后不同，脑干、丘脑和大量脑室出血预后较差。多数患者在发病恢复期及后遗症期临床症状可得到部分或完全恢复。早期积极的康复治疗，可减少患者致残率，提高患者生存质量。但是，仍有一部分脑出血患者在经过急性期积极治疗后，仍会遗留严重后遗症，如肢体偏瘫、言语不流利等。病情极危重者会死亡。

第四章　周围神经疾病

第一节　三叉神经痛

一、什么是三叉神经痛?

是指三叉神经分布区内闪电样短暂的反复发作性剧痛，而不伴有三叉神经功能破坏的症状，又称为原发性三叉神经痛。

二、三叉神经痛的病因有哪些?

原发性三叉神经痛的病因尚未完全明确，继发性三叉神经痛病因是因为良恶性肿瘤（如小脑脑桥三角部的胆脂瘤、听神经瘤、脑膜瘤、血管瘤；三叉神经半月节部的神经节细胞瘤、神经鞘瘤、脊索瘤等）的压迫或是解剖结构的不正常如动静脉畸形或多发性硬化、炎症、外伤、颅骨畸形等疾病侵犯三叉神经所致，也可为传染性疾病和糖尿病等引起。

三、三叉神经痛的发病情况有哪些特点?

在三叉神经分布区突然发生的、阵发性、严重的、短暂的刺痛，历时数秒至数分钟，疼痛呈周期性，间歇期无症状，对口腔颌面的扳机点任何刺激都可诱发疼痛。

四、三叉神经痛的临床特点有哪些?

1. 多见于中老年人，40 岁以上起病占 70%～80%，女性居多。

2. 疼痛局限于三叉神经某一分支，尤以第 2，3 支多见，可同时累及两支，多为一侧发作。

3. 表现为历时短暂的电击样、刀割样或撕裂样剧痛，每次数秒至 1～2 分钟。

4. 疼痛以面颊部、上下颌及舌部最明显；口角、鼻翼、颊部和舌等处最敏感，轻触即可诱发，称为扳机点。严重者洗脸、刷牙、说话、咀嚼都可诱发，以致不敢做这些动作。发作时患者常双手紧握拳或用力按压痛处，以减轻疼痛；严重者伴面部肌肉反射性抽搐，口角牵向患侧，称为疼性抽搐。

五、三叉神经痛的体征有哪些?

1. 原发性三叉神经痛是指无神经系统阳性体征，而有临床症状，如三叉神经分布区的感觉、运动正常，应用各种检查未发现明显与发病有关的器质性病变；

2. 继发性三叉神经痛有明显的神经系统体征，如三叉神经分布区内存在感觉减退、麻木、角膜反射迟钝或消失、疼痛呈持续性、听力降低等，并常合并一些脑神经疾病症状。

六、如何确诊患者患有三叉神经痛?

三叉神经痛以剧烈疼痛为主要临床症状，其公认诊断标准如下：

1. 疼痛次数　发作期疼痛每天发作 1 次或多次，次数不固定，疼痛时间不固定；间歇期无典型症状。

2. 疼痛部位　临床研究数据显示 60%的患者三叉神经以上颌支部位疼痛为主，而约 30%的患者为下颌支疼痛，其他部位较为罕见。疼痛常从口角呈放射性波及同侧面部及耳、眼，严重者会波及头部。

3. 疼痛性质　呈刀割样、闪电样、烧灼样的阵发性剧烈性疼痛，患者常难以忍受。

4. 疼痛特点　疼痛处有明显的扳机点，疼痛呈明显周期性，间歇期无典型症状，且可持续几个月。

5. 病史及检查　患者常有视神经炎等神经性疾病病史，面部检查常出现面部麻木、角膜反射消失，辅以头颅X线片检查具有重要诊断意义。

七、三叉神经痛的药物治疗方法有哪些？

1. 卡马西平 首选治疗药物，常规剂量从每日2～3次，每次100mg开始，常用维持剂量根据疼痛缓解程度可适当增加或减少，其增或减目前尚无规律可循，完全按照患者的自觉症状逐步摸索，也可按个性化治疗，但原则上总剂量每天最多不超过1200mg。其常见不良反应是嗜睡、头晕、乏力、走路不稳和震颤，严重者可有持续性白细胞减少、单纯血小板减少及再生障碍性贫血。服药前应行血常规检查了解患者基本情况，用药后2个月内应2周检查血常规1次。如无异常，以后每3个月查1次血常规。

2. 苯妥英钠 常规用量为每次0.1g，每天3次，餐后服用，最大剂量一般不宜超过每天0.6～0.8g，疼痛缓解后可逐渐减量。长期服用者有眩晕、嗜睡、头痛、恶心、呕吐、厌食、失眠、便秘、变态反应等。同时补充维生素B_{12}和叶酸有利于减少并发症。

3. 氯硝西泮（氯硝安定） 小剂量开始，常用剂量每天1mg，1次服用，此后每3个月调整1次，维持每天剂量3～12mg，最大剂量可达每天20mg。常见不良反应是嗜睡、共济失调、易激动、不安或攻击行为、言语不清、肌张力低下等。须注意突然停用本药可导致抽搐，故应逐渐停药。

4. 丙戊酸钠 常用剂量为每次200～400mg，每日2～3次。其不良反应较轻微，极少见的是可出现致命性肝炎。故应定期检查血常规及每3个月查1次肝功能。

5. 普瑞巴林 常用剂量150～600mg，分2次或3次口服，空腹状态下给药后迅速吸收，服药后有效缓解疼痛，尤其对慢性神经痛。不良反应有头晕、嗜睡、共济失调、周围水肿、体重增加、头痛和口干。

6. 激素疗法 口服泼尼松或地塞米松。长期应用或停药易出现反应，故停药应逐步减量。对溃疡病、糖尿病、高血压、充血性心功能不全、病毒感染、精神病、妊娠早期，以及骨折创伤修复期等禁用。

7. 托吡酯（妥泰） 低剂量开始，逐渐增加到有效剂量，25mg，2次/天，如疼痛明显减轻或基本停止，亦可逐渐停药。不良反应有注意力受损、思维异常、食欲缺乏、头晕、嗜睡、注意力下降、焦虑、遗忘、失语、感觉异常，视觉异常以及语言表达障碍等。

八、什么是神经节射频电凝术治疗？

其原理是利用高频电流加热方法，将颅内半月节及感觉根热凝产生蛋白变性，从而能阻断神经传导起止痛作用。

具有操作简便，创伤小，迅速止痛，并发症少，并且可以重复治疗的特点，特别对老年体弱或不愿意接受开颅手术者，不失为一种较好的选择，值得在临床上推广应用。

九、三叉神经痛可行封闭治疗吗？

药物治疗无效或有不良反应时，疼痛严重者可行神经干或神经节阻滞疗法。既往常使用无水乙醇，近年来多注射甘油。注射部位为三叉神经半月节或周围神经干。因感觉神经被破坏而止痛，止痛效果可持续数月、数年，也可复发。

十、三叉神经痛可行手术治疗吗？

临床常用手术疗法控制疼痛，术式包括微血管解压术、射频消融术、应用立体定向化学神经节熔解术和脊神经根切断术。其中最流行的是射频消融术，该方法选择性干涉诱发疼痛的小纤维，但是不动大径线的运动纤维。一些研究报道该疗法对本病的部分或完全缓解率达90%～97%，而复发率尚不确定。

十一、三叉神经痛如何避免发作诱因？

保持室内光线柔和，周围环境安静、安全，避免患者因周围环境刺激而产生焦虑，加重疼痛。

饮食宜清淡，保证机体营养，避免粗糙、干硬、辛辣食物，严重者予以流质饮食。

十二、三叉神经痛疼痛的护理要点是什么?

观察患者疼痛的部位、性质，与患者进行交谈，帮助患者了解疼痛的原因与诱因；指导患者运用想象、分散注意力、放松、适当按摩疼痛部位等技巧减轻疼痛；生活有规律，保证充分的休息，鼓励患者参加一些娱乐活动如看电视、杂志，听音乐，跳交谊舞等，以减轻疼痛和消除紧张情绪；尽可能减少刺激因素如洗脸、刷牙、刮胡子、咀嚼等。

十三、三叉神经痛的用药护理要点是什么?

指导患者遵医嘱正确服用止痛药，并告知药物可能出现的不良反应，使之更好合作。如卡马西平可致头晕、嗜睡、口干、恶心、步态不稳、肝功能损坏、皮疹和白细胞减少等，有些症状可于数天后自行消失，患者不要随意更换药物或自行停药。护士应观察、记录，及时报告医师。

十四、三叉神经痛的预后如何?

三叉神经痛很少自愈，病程呈周期性，每次发作可持续数周或数月不等，缓解期亦可数天至数年，但往往随着病程的推移而缩短。

第二节 面神经炎

一、什么是面神经炎?

面神经炎是由茎乳头内面神经非特异性炎症所致的周围性面瘫，又称为非特异性面神经麻痹，是一种最常见的面神经瘫痪疾病。

二、面神经炎的病因有哪些?

病因不明，由于骨性面神经管只能容纳面神经通过，所以面神经一旦受压必然导致神经缺血、水肿。病毒感染、自主神经功能不稳定等均可以导致局部神经营养血管痉挛、神经缺血、水肿，出现面肌瘫痪。

三、面神经炎的病理变化是什么?

面神经炎早期病理改变主要为神经水肿和脱髓鞘，严重者可出现轴索变性，以茎乳孔和面神经管内部分尤为显著。

四、面神经炎的发病情况有哪些特点?

本病可发生于任何年龄患者、任何季节，男性比女性略多。一般为急性起病，常小于数小时或1～3天内症状达到高峰。

五、面神经炎的临床症状和体征有哪些特点?

主要表现为一侧面部表情肌瘫痪，额纹消失，不能皱额蹙眉；眼裂闭合不全或闭合不能；病侧鼻唇沟变浅，口角歪向健侧，露齿时更明显；吹口哨及鼓腮不能等。

六、如何确诊患者有面神经炎?

根据急性起病、临床表现为周围性面瘫，即可诊断为面神经炎，但是须与格林巴利综合征、中耳炎、腮腺炎、肿瘤、脑膜炎等继发引起的面神经麻痹相鉴别。

七、面神经炎的治疗方法有哪些?

1. 类固醇激素 可用地塞米松静脉注射，或泼尼松龙口服。

2. B族维生素 维生素 B_1 或维生素 B_{12} 肌肉注射。

3. 理疗及针刺治疗 茎乳突附近给予热敷，或红外线照射或超短波透热疗法。发病1周后可行针灸治疗。

4. 物理治疗 患者自己对着镜子，用手按摩瘫痪面肌，每日数次，每次5～10min。当神经功能开始恢复后，患者可对着镜子练习瘫痪的各单个面肌的随意运动。

5. 保护暴露的角膜及预防结膜炎 可采用眼罩、滴眼药水、涂眼药膏等方法。

6. 手术治疗 面神经减压手术对部分患者有效，对长期不愈的患者可考虑面-舌下神经，面-副神经吻合术，但疗效不肯定。

八、地塞米松注射液的作用和不良反应分别是什么?

地塞米松注射液是肾上腺皮质激素类药，具有抗炎、抗过敏、抗休克的作用，临床上主要用于过敏性及自身免疫性疾病，如类风湿性关节炎、支气管哮喘、皮炎等过敏性疾病。其抗炎、抗过敏、抗休克作用比泼尼松更显著，而对水钠潴留和促进排钾作用很轻，对垂体-肾上腺抑制作用较强。

不良反应是较大剂量易引起糖尿病、消化道溃疡和类库欣综合征症状等。

九、泼尼松龙的作用和不良反应分别是什么?

泼尼松龙具有抗炎及抗过敏作用，能抑制结缔组织的增生，降低毛细血管壁和细胞膜的通透性，减少炎性渗出，并能抑制组胺及其他毒性物质的形成与释放。泼尼松龙还能促进蛋白质分解转变为糖，减少葡萄糖的利用，从而使血糖原和肝糖原都增加，可出现糖尿，同时增加胃液分泌，增进食欲。当严重中毒性感染时，与大量抗菌药物联合使用，可有良好的降温、抗毒、消炎、抗休克及促进症状缓解作用。其水钠潴留及排钾作用比可的松小，消炎及抗过敏作用较强，不良反应较少。可用于肝功能不全患者。

不良反应是大剂量长期使用可致肥胖、多毛症、水肿、血糖、血压及眼压升高，水钠潴留，可引起低血钾、骨质疏松、病理性骨折、痤疮、胃肠溃疡、出血、穿孔等。

十、维生素 B_1 的作用和不良反应分别是什么?

维生素 B_1 为水溶性维生素，和所有B族中的维生素一样，多余的 B_1 不会贮藏于体内，而会完全排出体外，所以必须每天补充。维生素 B_1 在体内参与糖类的代谢作用。B族维生素之间有协同作用，也就是说，一次摄取全部B族的维生素，要比分别摄取效果更好。

维生素 B_1 被称为精神性维生素，这是因为维生素 B_1 对神经组织和精神状态有良好的影响。主要用于维生素 B_1 缺乏的预防和治疗，如脚气病，周围神经炎及消化不良，妊娠或哺乳期，甲状腺功能亢进，烧伤，长期慢性感染，重体力劳动，吸收不良综合征伴肝胆疾病，小肠系统疾病及胃切除后维生素 B_1 的补充。

维生素 B_1 不良反应较少见，多余的分量完全排出体外，不会贮留在人体中。每天服用超过5～10g时，偶尔会出现发抖、疱疹（herpes）、浮肿、神经质、心跳增快及过敏等不良反应。

十一、面神经炎患者一般护理要点是什么?

在急性期应适当地休息，注意面部的持续保暖，外出时可戴口罩，睡眠时勿靠近窗边，以免再受风寒。注意不能用冷水洗脸，避免直吹冷风。注意天气变化，及时添加衣物防止感冒。

十二、面神经炎患者局部护理要点是什么?

急性期患者患侧面部用湿热毛巾外敷，水温50～60℃，每日3～4次，每次15～20min，并于早晚进行患侧按摩，按摩的力度要轻柔、适度、持续、稳重、部位准确。患者可对镜子进行自我表情动作训练，如皱眉、闭眼、吹口哨、示齿等运动，每日2～3次，每次5～15min。

十三、面神经炎患者心理护理要点是什么?

患者多为突发起病，难免会产生紧张、焦虑、恐惧、烦躁的情绪，有的担心面容改变而羞于见人或治疗效果不好而留下后遗症，要根据患者的心理特征耐心做好解释和安慰疏导工作，缓解患者紧张情绪，使其情绪稳定，身心处于最佳的接受治疗和护理状态，以提高治疗效果。

十四、面神经炎患者饮食护理要点是什么？

饮食方面应当营养丰富，选择清淡易消化的食物，戒烟戒酒，禁忌刺激性食物。

十五、面神经炎患者用药护理要点是什么？

遵医嘱服用药物，如服用波尼松者要严格按医嘱执行，不随意增减药物，并注意观察患者有无胃肠道反应等不良反应。避免在此期间行创伤性大、刺激性强的治疗，以避免对患侧肌肉及神经造成损害，出现咽部感染时应该遵医嘱口服抗生素治疗。

十六、面神经炎患者的并发症有哪些？

一般预后良好，通常于1～2周后开始恢复，2～3个月内痊愈，约85%病例可完全恢复，不留后遗症。但6个月以上未见恢复者则预后较差，可遗留面肌痉挛或抽搐，前者表现为患侧鼻唇沟加深，口角被拉向患侧，眼裂变小，易将健侧误认为患侧；后者患侧面肌不自主抽动，紧张时症状更明显，严重时可影响正常工作，眼睑不能闭合。

十七、面神经炎患者眼部并发症如何预防？

由于眼睑闭合不全或闭合不能，瞬目动作及角膜反射消失，角膜长期外露，易导致眼内感染，损害角膜，因此应减少用眼动作。在睡觉或外出时应佩戴眼罩或有色眼镜，并用抗生素滴眼、眼膏涂眼，以保护角膜及预防眼部感染。

十八、面神经炎患者功能训练的具体方法有哪些？

患者应尽早开始面肌的主动和被动运动，可对着镜子做皱眉、举额、闭眼、露齿、鼓腮和吹口哨等动作，每天数次，每次5～15分钟，并辅以面肌按摩，促进早日康复。

十九、面神经炎的健康指导有哪些？

1. 多食新鲜蔬菜、粗粮、黄豆制品、大枣、瘦肉等；
2. 面瘫患者平时需要减少光源刺激，如电脑、电视、紫外线等；
3. 多做功能性锻炼，如皱眉、鼓气、双眼紧闭、张大嘴巴等；
4. 每天需要坚持穴位按摩；
5. 睡觉之前用热水泡脚，有条件的话，做些足底按摩；
6. 适当运动，加强身体锻炼，常听一些轻快音乐，心情平和愉快，保证充足的睡眠；
7. 面瘫患者在服药期间，禁忌辛辣刺激食物，如白酒、大蒜、海鲜、浓茶、麻辣火锅等；
8. 用毛巾湿热敷，每晚3～4次，勿用冷水洗脸，遇到寒冷的天气时，需要注意头部保暖。

二十、面神经炎患者的预后如何？

面神经炎的预后取决于病情严重程度及处理是否适当。约75%的患者在2～3个月内恢复。轻型病例1～2月内可以恢复；部分病例需要3～6个月；6个月以上才开始恢复的患者，日后完全恢复正常的可能性较小。

第三节　格林巴利综合征

一、什么是格林巴利综合征（GBS）？

格林-巴利综合征（Guilian-Barré syndrome，GBS）是常见的脊神经和周围神经的脱髓鞘疾病，又称急性特发性多神经炎或对称性多神经根炎。

GBS 是一种急性起病、一组神经系统自身免疫性疾病，以神经根、外周神经损害为主，伴有脑脊液中蛋白-细胞分离为特征的综合征。任何年龄和男女均可得此病，但以男性青壮年为多见。多数可完全恢复，少数严重者可引起致死性呼吸麻痹和双侧面瘫。

二、格林巴利综合征的病因有哪些?

本病的病因不明，但众多证据提示为免疫介导的周围神经病，属于神经系统的一种迟发过敏性自身免疫性疾病，可与感染、疫苗接种等有关。

多数患者在本病发病前 1～4 周有呼吸道、肠道感染病史，最常见的为空肠弯曲菌感染，约占 85%，此外还可有病毒、支原体等感染。

三、格林巴利综合征的发病情况有哪些特点?

1. 运动障碍　急性或亚急性起病；四肢对称性无力（首发症状）；多从双下肢开始，逐渐向上发展，出现弛缓性瘫痪，多于数日至 2 周达高峰。病情危重者在 1～2 日内迅速加重，出现四肢对称性弛缓性瘫痪。严重者可累及呼吸肌，出现呼吸肌麻痹，甚至死亡。

2. 感觉障碍　肢体远端感觉异常和或手套袜子型感觉缺失。

3. 脑神经损害　面瘫等。

4. 自主神经症状　发汗异常等。

5. 神经反射异常　深反射减弱或消失。

6. 并发症　窒息、肺部感染、心衰等。

四、格林巴利综合征患者需要行哪些检查与化验?

1. 脑脊液　脑脊液压力正常，无色透明。蛋白升高，细胞数不高或轻度升高。蛋白-细胞分离现象是本病的重要特点。

2. 腓肠神经活检　可显示脱髓鞘和炎性细胞浸润。

3. 肌电图（electromyogram，EMG）检查　早期可正常，晚期可出现神经传导速度减慢。

4. 血清学检查　①少数患者出现肌酸激酶（creatine kinase，CK）轻度升高，肝功能轻度异常；②部分患者血清抗神经节苷脂抗体阳性；③部分患者血清可检测到抗空肠弯曲菌抗体、抗巨细胞病毒抗体等，合并感染时血白细胞计数及分类可增高。

5. 粪便　部分患者粪便中可分离和培养出空肠弯曲菌。

6. 心电图　严重病例心电图有异常，常见窦性心动过速和 T 波改变，QRS 波电压增高（可能自主神经功能异常所致）。

五、如何确诊患者有格林巴利综合征?

1. 病前 1～4 周有感染史，急性或亚急性起病，快速进展，多在 2 周左右达高峰。

2. 四肢对称性无力、瘫痪和脑神经损害。多从双下肢开始，逐渐向上发展，出现弛缓性瘫痪，多于数日至 2 周达高峰。病情危重者在 1～2 日内迅速加重，出现四肢对称性弛缓性瘫痪。严重者可累及呼吸肌，出现呼吸肌麻痹，甚至死亡。

3. 末梢型感觉障碍。

4. 常有蛋白-细胞分离现象（一般起病 2 周后）。

5. 神经电生理检查提示感觉神经损害。

6. 病程有自限性。

7. 排除其他病因。

六、格林巴利综合征患者如何行呼吸辅助治疗?

呼吸麻痹是本病的主要危险症状，呼吸麻痹的抢救成功与否是增加本病治愈率、降低病死率的关键，而呼吸机的正确使用是成功抢救呼吸麻痹的保证。因此，应严密观察病情，对有呼吸困难者及时行气管插管或气管切开，给予人工辅助呼吸。

七、格林巴利综合征患者如何行血浆置换治疗?

周围神经脱髓鞘时，由于体液免疫系统的作用，患者血液中存在与发病有关的抗体、补体及细胞因子等。在发病 2 周之内采用血浆交换疗法，可消除致病因子对神经的损害，并促进神经再生，减少临床症状，缩短需用呼吸机的时间，降低并发症发生率，并迅速降低抗周围神经髓鞘抗体滴度。

血浆置换治疗适应证为不能独立行走、肺活量明显减少或延髓麻痹等病情较严重的患者。但本法只能在具有一定条件和经验的医疗中心进行，且费用昂贵。

禁忌证主要是严重感染、心律失常、心功能不全、凝血系列疾病等。

其不良反应为血流动力学改变可能造成血压变化、心律失常；使用中心导管引发气胸和出血以及可能合并败血症等。

八、格林巴利综合征患者如何行免疫球蛋白治疗？

免疫球蛋白能促进循环免疫复合物的清除，同时激活补体；通过抑制巨噬细胞膜上的 Fc 段受体，发挥抑制巨噬细胞在免疫过程中的调节及活化作用，有效加快恢复过程，改善预后。大剂量静滴免疫球蛋白治疗格林巴利综合征已被证明具有与血浆置换疗法相似的效果，甚至优于血浆置换，可以有效治疗激素冲击无效的患者。推荐有条件者尽早应用。方法：人血免疫球蛋白，400mg/（kg · d），1 次/天，静脉滴注，连续 3～5 天。

九、格林巴利综合征患者如何行糖皮质激素治疗？

糖皮质激素曾长期广泛地用于本病的治疗，近年来临床研究发现其效果未优于一般治疗，且可能发生并发症，现多已不主张应用，但慢性格林巴利综合征对激素仍有良好的反应。

十、格林巴利综合征患者如何行抗生素治疗？

重症格林巴利综合征因为瘫痪、气管切开和机械通气，往往卧床时间较长，机体抵抗力低下，很容易发生肺部感染，适当应用广谱抗生素可以预防坠积性肺炎和脓毒血症。

十一、格林巴利综合征患者低效型呼吸形态的护理要点是什么？

1. 抬高床头，有利于呼吸。

2. 持续低流量给氧，并保持输氧管道通畅。当患者动脉血氧饱和度下降时，应加大氧流量。

3. 保持呼吸道通畅，指导半坐卧位，鼓励患者深呼吸和有效咳嗽，协助翻身、拍背或者体位引流，及时清除口、鼻、呼吸道分泌物，必要时吸痰。

4. 在患者呼吸困难的急性发作期陪伴患者，使其得到安全感，以减少焦虑和恐惧，利于呼吸。

5. 穿宽松柔软的衣服，以免影响呼吸。

6. 准备抢救用物。床头常规备吸引器、气管切开包及机械通气设备，以利随时抢救。

7. 加强病情监测。

8. 必要时配合医师行气管切开术。气管切开术后，应严格消毒切口周围皮肤，及时更换伤口纱布，预防感染，每天消毒气管内套管 4 次。

9. 配合医师定时查血分析，观察缺氧状况是否得到改善。

十二、格林巴利综合征患者病情监测护理要点是什么？

1. 遵医嘱给予心电监测，动态观察血压、脉搏、呼吸、动脉血氧饱和度及病情变化。

2. 询问患者有无胸闷、气短、呼吸费力等症状，注意呼吸困难的程度和血气分析指标的改变。

3. 当患者烦躁不安时，应区分是否为早期缺氧的表现，当出现呼吸费力、出汗，口唇发绀等缺氧症状，肺活量降至 20～25ml/kg 体重以下，血氧饱和度降低，血气分析血氧分压低于 70mmHg，应立即报告医师，遵医嘱及早使用人工呼吸机。一般先用气管内插管，如一天以上无好转，则行气管切开，外接呼吸机。

十三、格林巴利综合征患者的心理护理要点是什么？

1. 本病起病急，进展快，患者常因呼吸费力而紧张、恐惧，害怕呼吸停止，害怕气管切开，恐惧死亡，常表现为躁动不安及依赖心理。

2. 护士应该及时了解患者心理状况，主动关心患者，尽可能陪伴在患者身边，耐心倾听患者感受，告知医护人员会认真观察其病情细微变化，使其情绪稳定，安心和放心的休息。

3. 为患者讲解病情经过，使其认识到气管切开和机械通气的重要性。告知本病经过积极治疗及康复锻炼大多预后很好，以增强他们对治疗的信心，取得充分信任和合作。

十四、格林巴利综合征患者运动障碍的护理要点是什么？

1. 评估患者患肢的活动能力，与患者共同制订护理计划。

2. 体位护理。保证患者肢体轻度延展，帮助患者被动活动，防止肌萎缩，维持运动功能及正常功能位置，将患肢置功能位，防止足下垂、爪形手等后遗症，必要时用T型板固定双足。

3. 指导患者积极锻炼患肢，对于所取得成绩给予鼓励。

4. 及时协助和督促患者进行功能锻炼。根据病情在床上被动运动、床上主动运动、床边运动、下床运动次序进行，做到强度适中，循序渐进，持之以恒。被动运动幅度由大到小，由大关节到小关节，按摩应以轻柔缓慢的手法进行。

5. 教会患者家属及其陪护人进行锻炼的方法。

6. 活动时需要有人陪护，防止受伤。

7. 配合针灸、理疗等，促进肢体功能恢复。

8. 鼓励患者进行生活自理活动，以适应回归家庭和社会的需要。

十五、格林巴利综合征患者的饮食护理要点是什么？

1. 指导患者进食高蛋白、高维生素、高热量且易消化的软食，多食水果、蔬菜，补充足够的水分。

2. 延髓麻痹不能吞咽进食以及气管切开、呼吸机辅助呼吸者应及时插胃管，给予鼻饲流质，以保证机体足够的营养供给，维持水、电解质平衡，预防营养失调。

3. 留置胃管的患者强调在进食时和进食后 30min 应抬高床头，防止食物反流引起窒息和吸入性肺炎。

十六、格林巴利综合征患者的用药护理要点是什么？

1. 本组患者需应用激素、免疫球蛋白、抗生素、止咳、祛痰等药物治疗，护士根据医嘱正确使用抗菌药物，密切观察药物疗效、不良反应、激素和抗生素应用引起的二重感染。

2. 根据病情及药物性质调节静脉给药的速度，合理安排用药顺序，准确用药剂量，同时密切观察体温、脉搏、呼吸及精神状态变化。

3. 护士应教会患者遵医嘱正确服药，告知药物的作用、不良反应、使用时间、方法及注意事项。如使用糖皮质激素治疗时可能出现应激性溃疡所致消化道出血，应观察有无胃部疼痛不适和柏油样大便等。

4. 留置鼻胃管的患者应定时回抽胃液，注意胃液的颜色和性质。

5. 某些镇静安眠类药物可产生呼吸抑制，不能轻易使用，以免掩盖或加重病情。

十七、如何做好格林巴利综合征患者的康复指导？

1. 根据患者肌力和协调性进行有针对性的指导，遵循从易到难的原则，制订康复计划，康复护理计划需要不停地根据患者康复进展情况进行更改。

2. 发现患者过度专注于暂时不能解决的问题时，需对患者进行转移引导，与患者共同制定其他可以完成的康复计划。

3. 转移患者的关注点，使其心情愉快地主动参与康复训练，增强患者自信心，提高其主动性，并减少对他人的依赖，使患者尽可能获得日常生活自理能力，提高生活质量以便早日回归社会。

十八、如何预防格林巴利综合征患者的并发症?

1. 对于留置胃管的患者强调在进食时和进食后 30min 应抬高床头，防止食物反流引起窒息和吸入性肺炎。

2. 对于肢体功能障碍的患者，协助按时翻身拍背，防止褥疮形成。

3. 指导和帮助患者活动肢体，按摩腹部，必要时穿弹力长袜，防止深静脉血栓形成。

4. 遵医嘱予通便药物，防止便秘。

5. 对于尿潴留患者，及时予留置尿管。

6. 肺部感染是本病气管切开术后发生率最高的并发症，如果护理不当，可导致感染中毒性休克，呼吸循环衰竭而死亡。须保持室内温度 18～22℃，湿度 70%以上；气管内滴药湿化，拍背吸痰是避免痰痂形成的重要措施；使用呼吸机或简易呼吸球时应有效湿化，防止把痰吹干。

7. 脱管是非常危险的并发症，一旦发现患者由安静状态变为烦躁、大汗、缺氧，吸痰管不能插入常是脱管的信号。故气管切开的切口不宜过长，颈部不要过度后仰，尤其变动体位时更应注意；系带要打手术结防止松开，松紧能放入一手指为宜。

十九、格林巴利综合征患者的预后如何?

本病一般预后良好，病情多在 2 周左右达到高峰，继而持续数天至数周后开始恢复，少数患者在病情恢复过程中出现波动。

多数患者神经功能在数周至数月内基本恢复，少数遗留持久神经功能障碍，85%病例完全或接近完全恢复。病死率为 3%～4%，主要死于呼吸肌麻痹、腹部感染及心力衰竭。2%～10%的病例可有明显的病残率、后遗症。

第五章 脊髓疾病

第一节 急性脊髓炎

一、什么是急性脊髓炎?

急性脊髓炎是指各种自身免疫反应（多为感染后诱发，个别为疫苗接种后或隐源性原因）所致的急性横贯性脊髓炎性改变，又称急性横贯性脊髓炎，是临床上最常见的一种脊髓炎。

该病是非特异性炎症引起脊髓急性进行性炎性脱髓鞘病变或坏死，病变常局限于脊髓的数个节段。胸髓最常受累，以病损水平以下肢体瘫痪、传导束性感觉障碍和尿便障碍为临床特征。

二、急性脊髓炎的病因有哪些?

直接病因尚不明确，多数患者在出现脊髓症状前1～4周有发热、上呼吸道感染、腹泻等病毒感染症状或有疫苗接种史，包括流感、麻疹、水痘、风疹、流行性腮腺炎及EB病毒、巨细胞病毒、支原体等许多感染因子都可能与本病有关。但其脑脊液未检出病毒抗体，脊髓和脑脊液中未分离出病毒，推测可能与病毒感染后自身免疫反应有关，并非直接感染所致，为非感染性炎症性脊髓炎。

三、急性脊髓炎的病理特征有哪些?

急性脊髓炎的病变部位以胸段最常见，其次为颈、腰段。肉眼可见病变部软膜充血、所累脊髓节段肿胀，严重者质地变软。切面可见灰、白质界限不清，有点状出血。镜下可见软膜和脊髓内血管扩张、充血，血管周围以淋巴细胞和浆细胞为主的炎细胞浸润；灰质内神经细胞肿胀、尼氏体溶解；白质中神经纤维髓鞘脱失、轴突变性，大量吞噬细胞和神经胶质细胞增生。

四、急性脊髓炎的发病情况有哪些特点?

急性脊髓炎可见于任何年龄，但以青壮年居多，在10～19岁和30～39岁有两个发病高峰期。

其年发病率在（1～4）/100万。男女发病率无明显差异，各种职业均可发病，以农民多见，全年散在发病，冬春及秋冬相交时较多。

约半数患者病前1～2周内有上呼吸道感染或胃肠道感染的病史，或有疫苗接种史。受凉、劳累、外伤等常为发病诱因。

急性起病，多数患者在2～3天内、部分患者在1周内发展为完全性截瘫。

五、急性脊髓炎的典型临床表现有哪些?

病变以下的肢体瘫痪、感觉缺失和括约肌功能障碍。严重者多出现脊髓休克，可伴有自主神经功能障碍，如多汗或少汗、皮肤营养障碍等。

休克期一般为2～4周，并发肺炎、泌尿系感染者可延长至数月。若无并发症，休克期过后即进入恢复期，表现为瘫痪肢体肌张力增高、腱反射亢进、病理反射出现。肌力恢复常自远端开始，感觉障碍平面逐渐下降。

六、急性脊髓炎患者需要做哪些化验与检查?

1. 周围血常规 急性期周围血白细胞计数正常或稍高。

2. 脑脊液 腰椎穿刺压力一般正常，个别急性期脊髓水肿严重可有升高；白细胞数可正常，也可增高至（20～200）$\times 10^6$/L，以淋巴细胞为主；蛋白含量可轻度增高，多为（0.5～1.2）g/L；糖与氯化物含量正常。

3. 影像学检查 ①CT：可除外继发性脊髓病，如脊柱病变性脊髓病、脊髓肿瘤等，对脊髓炎本身诊断意义不大。②MRI：脊髓MRI是早期能够显示急性脊髓炎的影像学检查手段。主要表现为急性期受累脊髓节段水肿、增粗；受累脊髓内显示斑片状长 T1 长 T2 异常信号；病变严重者晚期可出现病变区脊髓萎缩。

七、如何确诊患者有急性脊髓炎？

1. 进展性的脊髓型感觉、运动、自主神经功能障碍；

2. 双侧的症状或体征（不一定对称）；

3. 明确的感觉平面；

4. 影像学除外压迫性病变（MRI 或脊髓造影；如条件不具备可行 CT 检查）；

5. 提示脊髓炎症的表现，脑脊液淋巴细胞增高、免疫球蛋白 G 合成率升高或增强扫描可见强化；如果初期无上述表现，可在第 2～7 天复查 MRI 及腰穿；

6. 起病后 4 小时到 21 天内达到高峰。

八、急性脊髓炎如何进行药物治疗？

1. 皮质类固醇激素 急性期，可采用大剂量甲基泼尼松龙短程冲击疗法，500～1000mg 静脉滴注，每日 1 次，连用 3～5 天，有可能控制病情进展。之后改用泼尼松口服，按每公斤体重 1mg 或通常成人以 60mg 开始计算，随病情好转可逐渐减量停药。用激素期间注意补钾，注意激素的不良反应。

2. 大量免疫球蛋白 每日用量 0.4g/kg，静脉滴注，连用 5 天为一疗程。

3. 抗生素 根据病原学检查和药敏试验结果选用抗生素，及时治疗呼吸道和泌尿系感染，以免加重病情。

4. B 族维生素 有助于神经功能恢复。常用维生素 $B_1$100mg，每日 1 次、肌肉注射。维生素 B_{12}500μg，每日 1 次，肌肉注射。

5. 其他 在急性期可选用血管扩张药，如烟酸、尼莫地平；神经营养药，如三磷腺苷、胞磷胆碱，疗效难确定。双下肢痉挛者，可服用巴氯芬 5～10mg 每天 2～3 次。

九、急性脊髓炎如何进行康复治疗？

主要目的是促进肌力恢复，防止肢体痉挛及关节挛缩。急性瘫痪期需保持功能位置，并对瘫痪肢体进行按摩及被动的功能练习，改善患者肢体血液循环，防止肢体挛缩、强直。当患者肢体功能逐渐恢复时，鼓励患者进行主动的功能运动，积极锻炼，针灸、理疗等，使其早日康复。

十、如何做好急性脊髓炎患者的病情监测？

评估患者运动和感觉障碍的平面是否上升，观察有无呼吸肌瘫痪症状，观察患者是否存在呼吸费力、吞咽困难和构音障碍，出现呼吸困难、发绀时即刻吸氧，做好气管切开准备。注意有无药物不良反应，如消化道出血等。

十一、急性脊髓炎患者的饮食护理要点是什么？

给予高热量、高蛋白、高维生素饮食，多吃酸性及纤维素丰富的食物，少食胀气食物，保持大便通畅。鼓励多饮水，每日摄水量 1500～3000ml，防止泌尿系感染。使用糖皮质激素治疗过程中，多食高钾、低钠食物，如鲜玉米、桃子、橙子、香蕉等，同时注意含钙食物的摄取和补充维生素 D，以减轻激素的不良反应。

十二、如何评估急性脊髓炎患者的排尿情况？

急性脊髓炎患者早期脊髓休克，常出现尿潴留，患者无膀胱充盈感，呈无张力性神经源性膀胱，膀胱可因充盈过度而出现充盈性尿失禁。

进入恢复期后感觉障碍平面逐渐下降，膀胱排尿反射逐步恢复，膀胱内潴留尿量开始减少，尿液充盈到 300～400ml 时即可自动排尿，称反射性神经性膀胱。应观察评估排尿的方式、次数、频率、尿量和颜色，了解排尿是否困难，有无尿路刺激征，检查膀胱是否膨隆，区分是尿潴留还是充盈性尿失禁。

十三、如何促进急性脊髓炎患者的膀胱功能恢复？

排尿费力及尿失禁患者，指导和督促患者进行收缩和放松会阴部肌肉的锻炼，每次肛门括约肌收缩 30 遍，每天 3 次。指导训练患者自行环形按摩及轻挤压膀胱区，每次 5 分钟，每天 3 次。每 2～3 小时送 1 次便器以训练有意识的排尿。

留置尿管的患者每 3～4 小时放松尿管一次，锻炼膀胱舒缩功能。留置尿管期间，每天行尿道口清洁及会阴擦洗 2 次。在病情允许的情况下，鼓励患者多饮水，日饮水量 2500～3000ml，保证尿量在 2500ml 左右。

膀胱神经-肌肉电刺激疗法，治疗期间持续开放导尿管。将两对电极片粘贴于患者膀胱区，打开电源开关，选择同步治疗模式，设定治疗时间 20 分钟，根据患者的承受能力调节治疗强度值及治疗频率，每日 2 次。

十四、急性脊髓炎患者尿潴留/尿失禁的护理要点是什么？

1. 对症护理　对于排尿困难尿潴留的患者可给予膀胱区按摩、热敷或进行针灸、穴位封闭等治疗，促使膀胱肌收缩、排尿；尿失禁的患者容易造成尿床和骶尾部压疮，应保持床单整洁、干燥，勤换勤洗，保护外阴部和臀部皮肤免受尿液刺激，必要时行体外接尿或留置导尿管。

2. 留置导尿的护理　留置导尿管的患者要防止逆行感染。

（1）严格无菌操作；注意观察尿的颜色、性状和量；定期更换尿管和接尿袋；每天进行尿道口清洁及消毒；

（2）观察尿的颜色、性质和量，注意有无血尿、脓尿与结晶尿等；

（3）每 4 小时开放尿管 1 次以训练膀胱功能；

（4）鼓励患者多饮水，每日 2500～3000ml，以稀释尿液，促进代谢产物的排泄。

十五、急性脊髓炎患者的预后如何？

急性脊髓炎的预后取决于其损害程度、病变范围及并发症的情况。如无严重并发症，多数患者于 3～6 个月内基本恢复。完全性截瘫 6 个月后 EMG 仍为失神经改变、MRI 显示髓内广泛信号改变、病变范围累及脊髓节段多且弥漫者多提示预后不良。合并泌尿系感染、压疮、肺部感染者常影响恢复，遗留后遗症。急性上升性脊髓炎和高颈段脊髓炎的预后比较差，常在短期内死于呼吸循环衰竭。

第二节　脊髓压迫症

一、什么是脊髓压迫症？

脊髓压迫症是指各种病变引起脊髓或供应脊髓的血管受压所出现的受累脊髓以下脊髓功能障碍的一组疾病。病变呈进行性发展，最后导致不同程度的脊髓横贯性损害或椎管阻塞。

二、脊髓压迫症的病因有哪些？

按照其解剖部位可将病因分为以下几个方面：

1. 脊膜病变　是脊髓压迫症最常见的原因，如其他部位的化脓性病灶，血行播散引起硬膜外脓肿等导致神经根、脊髓血管或脊髓本身受压；

2. 脊髓和神经根病变　最常见为肿瘤，如神经纤维瘤、神经鞘膜瘤、脊髓胶质瘤等，约占本病的 1/3 以上；

3. 脊柱病变　最常见的为脊柱外伤和脊柱结核，其次是肿瘤和椎间盘突出。

三、脊髓压迫症的主要临床表现有哪些？

急性脊髓压迫症主要表现为脊髓横贯性损害，多伴有脊髓休克。慢性脊髓压迫症的症状进展缓慢，典型的临床进程可分为 3 期，分别为刺激期、脊髓部分受压期和脊髓完全受压期。

四、慢性脊髓压迫症的临床进程可分 3 期，分别有什么临床表现？

1. 刺激期 多从一侧神经根受刺激开始，表现为根性疼痛，常有束带感；

2. 脊髓部分受压期 可出现脊髓半切综合征；

3. 脊髓完全受压期 逐渐出现脊髓横贯性损害的症状和体征，其运动、感觉、自主神经功能障碍的表现与急性脊髓炎症状一致。

五、什么是脊髓半切征？

脊髓病变等原因引起病变平面以下同侧肢体上运动神经元瘫，深感觉消失，精细触觉障碍，血管舒缩功能障碍，对侧肢体痛温觉消失，双侧触觉保留的临床综合征，多发生于颈椎。

六、脊髓压迫症的根性疼痛有哪些表现？

疼痛剧烈难忍，被描述为电击样、烧灼样、刀割样或撕裂样，咳嗽、排便、用力等增加腹内压的动作均可使疼痛加剧，改变体位可使症状减轻或加重。

七、脊髓压迫症的运动障碍有哪些表现？

一侧锥体系受压引起病变以下同侧肢体痉挛性瘫痪，肌张力增高、腱反射亢进并出现病理征。双侧锥体系受压初期双下肢呈伸直样痉挛性瘫痪，晚期呈屈曲样痉挛性瘫痪。

八、脊髓压迫症的感觉障碍有哪些表现？

脊髓丘脑束受累产生对侧躯体较病变水平低 2～3 个节段以下的痛觉减退或缺失，压迫平面高者症状明显。

九、脊髓压迫症的自主神经功能障碍有哪些表现？

圆锥以上病变可出现尿潴留和便秘；圆锥、马尾病变可出现尿、便失禁；病变水平以下血管运动障碍和泌汗功能障碍，可见少汗、无汗、皮肤干燥及脱屑等。

十、脊髓压迫症患者需要行哪些检查和化验？

1. 脑脊液检查 对确定脊髓压迫症和脊髓受压的程度很有价值；

2. 脊柱 X 线平片 提示脊柱结核、转移癌和原发性脊柱肿瘤者可出现骨质破坏，良性神经纤维瘤者可见椎间孔扩大、骨质吸收；

3. CT、MRI 脊柱、脊髓 CT 或 MRI 检查显示脊髓受压，MRI 能清晰显示椎管内病变的性质、部位和边界等。

十一、如何确诊患者有脊髓压迫症？

临床表现结合腰椎穿刺、脑脊液检查、影像学检查（X 线、CT、MRI）等资料，可以确诊患者有脊髓压迫症。

十二、脊髓压迫症的治疗方法有哪些？

治疗原则是尽快去除病因，可行手术治疗者应及早手术，如切除椎管内占位性病变等；急性脊髓压迫症更需要抓紧时机，在起病 6 小时内减压，如硬脊膜外脓肿应紧急手术并给予足量抗生素；瘫痪肢体积极进行康复训练。

十三、脊髓压迫症患者的病情监测要点是什么？

需要评估患者疼痛的部位、性质、持续时间，肢体瘫痪的部位、性质，皮肤的痛觉、温度觉，大、小便排泄情况等。

十四、脊髓压迫症患者的饮食护理要点是什么？

给予患者高蛋白、高维生素且易消化的饮食，多吃瘦肉、豆制品、新鲜蔬菜、水果和含纤维素多的食物，供给足够的热量和水分，以刺激肠道蠕动，减轻便秘和肠胀气。

十五、脊髓压迫症患者会出现哪些排尿、排便异常情况？

患者常出现尿潴留，患者无膀胱充盈感，呈无张力性神经源性膀胱，膀胱可因充盈过度而出现充盈性尿失禁；排便可表现为便秘和大便失禁。

十六、如何评估脊髓压迫症患者的排尿情况？

观察患者排尿的方式、次数、频率、时间、尿量与颜色，了解患者排尿是否困难，有无尿路刺激征，检查膀胱是否膨隆，区分是尿潴留还是充盈性尿失禁。

十七、如何促进脊髓压迫症患者的膀胱功能恢复？

给予膀胱区的按摩、热敷或进行针灸、穴位封闭等治疗，促使膀胱肌收缩、排尿，当膀胱残余尿量少于 100ml 时，不再导尿，以防发生膀胱痉挛。

十八、脊髓压迫症患者如留置尿管该如何护理？

无菌操作，每天清洗、消毒尿道口，观察尿液的颜色、量、性质，注意有无血尿、结晶尿，每 4 小时开放尿管 1 次，训练患者膀胱的充盈和收缩功能，鼓励患者多饮水，每日 2500～3000ml，以稀释尿液，促进代谢产物的排泄。

十九、尿失禁患者该如何预防压疮的发生？

尿失禁患者容易尿床产生骶尾部皮炎和压疮，应保持床单位整洁干燥，保持会阴部及臀部皮肤免受尿液的刺激，必要时给予留置导尿或假性导尿。

二十、如何给脊髓压迫症患者行康复指导？

肢体功能康复训练应及早进行，加强肢体的被动运动和主动运动。鼓励患者进行日常生活动作训练，尽量利用残存的功能代偿，独立完成各种生活活动和做力所能及的家务劳动。家庭环境可进行改造，创造有利于患者康复与生活的良好家庭氛围和条件。

二十一、脊髓压迫症的预后如何？

受压时间越短，解除压迫越快，则脊髓功能的损害越小，恢复的可能性就越大。慢性压迫者因脊髓代偿功能，预后比急性压迫要好。

第六章　多发性硬化

一、什么是多发性硬化（MS）？

多发性硬化（multiple sclerosis，MS）是一种病因未明的以中枢神经系统脱髓鞘为主要特征的自身免疫性疾病。病变最常侵犯的部位是脑室周围白质、神经、脊髓、脑干及小脑白质等处。

二、多发性硬化的病因有哪些？

目前认为多发性硬化可能与自身免疫、病毒感染、遗传因素及环境因素有关。

1. 自身免疫反应　急性期小血管周围淋巴细胞浸润，其中可见抗体分泌细胞和激活的白细胞介素-2受体阳性的T淋巴细胞，表明免疫系统被激活。

2. 病毒感染　在多发性硬化患者血清和脑脊液中，麻疹病毒、流感C病毒、单纯疱疹病毒、风疹病毒、EB病毒等抗体滴度升高，提示多发性硬化可能与病毒感染有关。

3. 遗传因素　多发性硬化有家族性倾向，15%的患者有1个或1个以上的亲属患病。在多发性硬化患者的一级亲属中患病危险性比普通人群大12～15倍，患者亲属中发生本病风险最大的是兄弟姐妹，其发病率可达5%，表明遗传特质在多发性硬化发病机制中可能起重要作用。

4. 环境因素　多发性硬化发病率与高纬度寒冷地区有关。本病高发地区出生的居民若在15岁以前移居至本病低发地区，其发病率可降低；若在15岁以后才移居至低发区，则仍保留其高发病率。因此环境因素在多发性硬化的发病机制中可能起作用。

三、多发性硬化的发病情况有什么特点？

多发性硬化起病年龄较低，以急性或者亚急性起病，病变最常累及视神经和脊髓，视力障碍是多发性硬化最常见的首发症状。

四、多发性硬化的临床特点有哪些？

1. 肢体无力　最多见，大约50%的患者首发症状为一个或多个肢体的无力，运动障碍一侧下肢比上肢明显，可为偏瘫、截瘫或四肢瘫，其中以不对称瘫痪最常见。

2. 感觉异常　浅感觉障碍表现为肢体、躯干或面部针刺麻木感，异常的肢体发冷感，烧灼样疼痛及定位不明确的感觉异常，疼痛感可能与脊髓神经根部的脱髓鞘病灶有关，具有显著特征性。亦可有深感觉障碍。

3. 眼部症状　常表现为急性视神经炎或球后视神经炎，多为急起单眼视力下降，有时双眼同时受累。眼底检查早期可见视盘水肿或正常，以后出现视神经萎缩。约30%的病例有眼肌麻痹及复视。核间性眼肌麻痹是多发性硬化的重要体征之一，提示内侧纵束受累。

4. 共济失调　30%～40%患者有不同程度的共济失调运动障碍，部分晚期多发性硬化患者可见到Charcot三主征：眼球震颤、意向性震颤、吟诗样语言。眼球震颤提示病变位于脑桥的前庭神经核，小脑及其联系纤维意向性震颤反映小脑或小脑传出通路有病变。

5. 发作性症状　是指持续时间短暂、可被特殊因素诱发的感觉或运动异常，占多发性硬化患者5%～17%。发作性的神经功能障碍每次持续数秒至数分钟不等，频繁、过度换气、焦虑或维持肢体某种姿势可诱发，其发作机制可能与兴奋性信号传递到脱髓鞘带并扩散至邻近的轴突引起异常兴奋有关，是多发性硬化比较特征性的症状之一。

6. 精神症状　在多发性硬化患者中较常见，多表现为抑郁、易怒和脾气暴躁，部分患者出现欣快、兴奋，也可表现为淡漠、嗜睡、强哭强笑、反应迟钝及被害妄想等。

五、多发性硬化的临床症状和体征有哪些？

病灶部位的多发和病程的缓解复发，构成多发性硬化的临床经过及其症状和体征的主要特点。

1. 起病情况 2/3 的患者在 20～40 岁之间发病，10 岁以下发病者占 3%，50 岁以上发病者占 5%，60 岁以上发病者仅占 1%，女性略多于男性；我国多发性硬化病人急性或亚急性起病较多，病前数周或数月有疲劳、肌肉与关节隐痛；感冒、外伤、手术、感染、妊娠、分娩、精神紧张、寒冷等可为本病发病诱因。

2. 症状发作与缓解（多发性） 病程中发作与缓解交替出现是本病的主要特点，首次发病后可有数月或数年的缓解期，可再出现新的症状，或原有症状再发。发作时间持续 24 小时以上，缓解期至少 1 个月，最长可达 20 年，每次复发均可残留不同程度的神经功能缺损，病情每况愈下。部分病例无明显缓解期，而呈慢性进展使病情逐渐加重；少数病例起病急、病程短、发展迅速、预后差。

3. 临床表现多样 多发性硬化病变可累及视神经、脊髓、脑干、小脑和大脑，甚至遍及整个中枢神经系统。首发症状多为一个或多个肢体麻木无力、单眼或双眼视力减退或失明、情绪变化等，还可出现某些发作性症状，如痛性强直性痉挛发作、三叉神经痛等。

六、多发性硬化患者需要做哪些检查和化验？

1. 脑脊液检查 脑脊液细胞数正常或轻度增加，急性起病或恶化病例细胞数增加更加明显。部分病例脑脊液蛋白可轻度增加，2/3 以上患者免疫球蛋白 G 指数增高。免疫球蛋白 G 指数＞0.7 提示有脑脊液内的免疫球蛋白 G 合成及多发性硬化可能。

2. CT 检查 多发性硬化患者常规 CT 扫描多正常，阳性率仅 13%～49%，对比增强扫 描阳性率可至 36%～60%，对视神经、脑干和脊髓病灶敏感性不高。多发性硬化在急性期表现为白质内低密度区，较对称散在地分布于脑室周围，有时 CT 显示病灶周围有较明显的水肿增强区，注意与脑肿瘤和脑梗死鉴别。

3. MRI 检查 MRI 可发现临床表现不明显的亚临床病例，主要改变如下：①脑室周围类圆形或融合成斑块，呈长 T1，长 T2 信号，大小不一；脑干、小脑、脊髓呈斑点状不规则斑块。②病程长的患者可伴有脑室系统扩张、脑沟增宽等脑白质萎缩改变。

七、如何确诊患者有多发性硬化？

1. 神经系统的症状或体征显示中枢神经系统白质内存在 2 个以上病灶。

2. 临床发作、缓解 2 次以上，每次发作持续 24 小时，每次缓解超过 1 个月，或缓慢进展的病程 6 个月以上。

3. 神经系统损害及体征不能用其他疾病解释。

4. 年龄 10～50 岁之间。

八、多发性硬化发作期的治疗要点有哪些？

急性发作期首选糖皮质激素，常用药物有：

1. 甲基泼尼松龙 1000mg/d，加入 5%葡萄糖 500ml 静脉滴注，3～4 小时滴完，连用 3～5 天后改泼尼松 60mg/d 口服，12 天后逐渐减量至停药。

2. 泼尼松 80mg/d，口服 1 周后依次减至 60mg/d，5 天后改为 40mg/d，然后每 5 天减少 10mg，4～6 周为 1 疗程。

九、多发性硬化缓解期的治疗要点有哪些？

多发性硬化缓解期治疗主要为预防复发和治疗残留的症状。治疗措施包括：

1. 免疫抑制剂如硫唑嘌呤、环磷酰胺等；

2. 转移因子及丙种球蛋白；

3. β-干扰素；

4. 对症治疗，主要包括运动障碍的治疗、疼痛和括约肌功能障碍的治疗、认知及精神障碍的治疗。

十、环磷酰胺的作用和不良反应分别是什么？

环磷酰胺为最常用的烷化剂类抗肿瘤药，进入体内后，在肝微粒体酶催化下分解释出烷化作用很强的氯乙基磷酰胺（或称磷酰胺氮芥），而对肿瘤细胞产生细胞毒作用，此外还具有显著的免疫抑制作用。

临床用于恶性淋巴瘤、多发性骨髓瘤、白血病、乳腺癌、卵巢癌、宫颈癌、前列腺癌、结肠癌、支气管癌、肺癌等，有一定疗效。也可用于类风湿关节炎、儿童肾病综合征以及自身免疫疾病的治疗。

不良反应中，骨髓抑制为最常见的毒性，白细胞往往在给药后 10～14 天最低，多在第 21 天恢复正常，血小板减少比其他烷化剂少见。此外，还有恶心、呕吐等不良反应，严重程度与剂量有关。

十一、硫唑嘌呤的作用和不良反应分别是什么？

硫唑嘌呤是嘌呤类似物的免疫抑制剂，是 6-巯基嘌呤的咪唑衍生物，为具有免疫抑制作用的抗代谢剂，可产生烷基化作用阻断巯基组群，抑制核酸生物合成，防止细胞增生，并可引起 DNA 损害。用于预防器官移植排斥，还有一系列自体免疫性疾病，包括类风湿性关节炎、天疱疮、发炎性肠病、多发性硬化症、自体免抑性肝炎、过敏性皮肤炎、重症肌无力和其他相关疾病等。

常见的不良反应是过敏反应，如全身不适、头晕、恶心、呕吐、腹泻、发热、寒战、肌痛、关节痛、肝功能异常和低血压等，停药和给予支持疗法可使大部分不良反应缓解。

十二、多发性硬化患者住院环境方面需要注意什么？

1. 提供安全方便的住院环境，将呼叫器置于患者床头伸手可及处，日常用品如餐具、水、便器、纸巾等定位放置于床旁，方便患者随时取用。

2. 保持活动范围内灯光明暗适宜，灯光太弱对视力障碍的患者不利，过强会造成对眼的刺激；指导患者在眼睛疲劳或复视时，尽量闭眼休息或双眼交替休息。

3. 走廊、卫生间、楼道设计扶手；病房、浴室地面保持平整，防湿、防滑；活动空间不留障碍物；有条件时可将患者安置在可水平升降的床位，夜间保持床在最低水平并支起护栏防护；配备手杖、轮椅等必要的辅助用具，以增加活动时的安全性。

十三、多发性硬化患者活动与休息方面需要注意什么？

1. 急性期卧床休息，协助保持舒适体位，变换体位有困难者协助翻身，防止局部长时间受压；为患者制订作息时间表，使之合理休息与活动，防止过分疲劳。

2. 对于有脊髓平面受损者、肢体运动障碍的卧床患者，应保持肢体功能位，指导进行主动或被动运动；肌张力增高或共济失调的患者，应给予辅助支持，指导步行训练。

3. 活动或康复训练时应注意劳逸结合，避免受凉或体力活动过大，因为大量的活动可使患者体温升高而致症状暂时恶化。

十四、多发性硬化患者的饮食护理要点是什么？

1. 多发性硬化患者饮食方面应给予高蛋白、低脂、低糖、富含多种维生素，易消化、易吸收的清淡食物，并维持足够的液体摄入（每天约 2500ml）。

2. 饮食中含有足量的纤维素，预防便秘或减轻便秘症状。

十五、多发性硬化患者的用药护理要点是什么？

指导患者了解本病常用的药物及用法，可能出现的不良反应和用药注意事项。

1. 糖皮质激素是多发性硬化急性发作和复发的主要治疗药物，有免疫调节和抗炎作用，可减轻水肿、改善轴索传导、缩短急性期和复发期病程，常采用大剂量短程疗法，因而易出现钠潴留、低钾、低钙等电解质紊乱，应加强对血钾、血钠、血钙的检测。

2. β-干扰素常见不良反应为流感样症状，持续 24～48 小时，2～3 个月后通常不再发生；部分患者可出现注射部位红肿、疼痛；严重时可致肝损害、变态反应等，应及时发现和报告医师处理。

十六、如何指导多发性硬化患者行自我护理？

1. 多发性硬化的患者免疫调节异常加上反复应用免疫抑制剂治疗，机体抵抗力下降，应注意营养均衡。

2. 鼓励患者坚持适当的体育锻炼，制定作息时间，根据体力自我调整活动量和活动范围。

3. 避免感冒、发热、感染、外伤、过度劳累、精神紧张、热疗及药物过敏等诱因或引起复发的因素。

十七、多发性硬化患者如何预防并发症？

1. 排便异常预防：给予便秘患者粗纤维食物，促进肠蠕动，定期对患者下腹进行按摩，养成按时排便的好习惯，严重便秘者可给予适量止泻药。

2. 坠积性肺炎预防：患者长期卧床会导致肺纤毛运动减少，医护人员应定期给卧床患者翻身，并轻叩其背部。

3. 避免压疮：加强翻身，1～2 小时进行 1 次，使用掌部大小鱼际对患者受压部位进行按摩，以防压疮。

4. 排尿异常预防：对留置导尿管者，应定期对尿道口进行清洁、消毒，鼓励患者饮水，3000ml/d 为宜，注意观察患者尿液颜色、量、性质。

十八、多发性硬化患者的照顾者需要注意什么？

多发性硬化为多次缓解、复发过程，且有进行性加重趋势，患者容易丧失治疗信心，产生悲观厌世情绪和焦虑心理。

应指导家属关心、体贴患者，给予精神支持和生活照顾，细心观察和及时识别病情变化。当患者出现感染症状，视力障碍加重或自觉疲劳时，应协助及时就诊。

十九、多发性硬化患者的预后如何？

1. 本病多数病例呈缓慢-复发的阶梯式恶化病程。

2. 少数患者首次发作后临床症状完全缓解，不再复发；少部分病情迅速恶化，无缓解期。

3. 个别急性暴发型病例可在初次发病时死亡；多数患者在数月至数年内死亡。

4. 平均病程 6.2 年，但也有存活 10 余年的病例，死因多为并发感染。

第七章　运动障碍疾病

一、什么是运动障碍疾病?

运动障碍性疾病是一组以随意运动迟缓、不自主运动、肌张力异常和姿势步态障碍等运动症状为主要表现的神经系统疾病，肌力、感觉及小脑功能不受影响，大多与基底核病变有关。

二、运动障碍疾病分为哪两大类?

运动障碍疾病根据运动异常情况分为：①运动减少性障碍，指运动数量减少、动作幅度下降、动作迟缓及运动不能，帕金森病是导致运动减少性障碍最常见的原因；②运动增多性障碍，指运动过多，随意动作困难和异常的非自主运动，主要表现为肌张力障碍、震颤、舞蹈样运动、共济失调、肌阵挛等。

三、什么是帕金森病?

帕金森病又名震颤麻痹，是一种常见于中老年的神经系统变性疾病，临床上以静止性震颤、运动迟缓、肌强直和姿势步态障碍为主要特征。

四、帕金森病的病因有哪些?

帕金森病是由于黑质多巴胺能神经元变性、缺失，纹状体多巴胺含量显著降低(降低超过80%)，造成乙酰胆碱系统功能亢进，导致肌张力增高、运动减少等临床表现；造成中脑-边缘系统和中脑-皮质系统多巴胺含量显著减少，与智能减退、行为情感异常、言语错乱等高级神经活动障碍有关。

帕金森的发病与以下因素有关：遗传因素，目前认为约 10%的患者有家族史，绝大多数患者为散发性；环境因素，一些嗜神经毒可诱发人和其他灵长类动物出现典型的帕金森综合征表现，另外一些学者认为，环境中的一些化学物质也可能是帕金森的病因之一；神经系统老化，帕金森病主要发生于中老年人，40 岁以前发病少见，提示衰老与发病有关。

五、帕金森病的发病情况有哪些特点?

帕金森多见于 60 岁以后发病，男性多见，起病缓慢，逐渐进展，初始症状以震颤最多，依次为步行障碍、肌强直、运动迟缓。症状常自一侧上肢开始，逐渐扩展至同侧下肢，对侧上肢及下肢，呈 N 字形进展。

六、帕金森病有哪些临床症状和体征?

1. 静止性震颤为本病首发症状。多自一侧上肢远端开始，表现为规律性的手指屈曲和拇指对掌运动。

2. 肌强直，伸肌和屈肌的张力同时增高。表现为铅管样肌强直和齿轮样肌强直。

3. 运动迟缓，随意运动减少，动作缓慢、笨拙。

4. 姿势步态障碍，指平衡功能减退、姿势反射消失引起的姿势步态不稳、易跌跤。

七、帕金森病静止性震颤的临床表现是什么?

多始及一侧上肢远端，静止位时出现或明显，随意运动时减轻或停止，紧张时加剧，入睡后消失。典型表现是拇指与屈曲的食指间呈搓丸样动作，频率为 4～6Hz。

八、帕金森病肌强直的临床表现是什么?

肌强直指被动运动关节时阻力增加。其特点为被动运动关节时阻力大小始终一致，而且阻力大小基本不受被动运动的速度和力量影响，类似弯曲软铅管的感觉，故称铅管样强直；在有静止性震颤的患者中可感到均匀的阻力中出现断续停顿，如同转动齿轮，称为齿轮样强直。

在疾病早期，有时肌强直不易察觉到，此时可让患者主动活动一侧肢体，被动活动的患侧肢体肌张力会增加。

九、帕金森病运动迟缓的临床表现是什么？

运动迟缓指动作变慢，始动困难，主动运动丧失。患者的运动幅度会减少，尤其是重复运动时。

根据受累部位的不同，运动迟缓可表现在多个方面。面部表情动作减少，瞬目减少称为面具脸；说话声音单调低沉、吐字欠清；写字可变慢变小，称为小写征；洗漱、穿衣和其他精细动作可变的笨拙、不灵活；行走速度变慢，常曳行，手臂摆动幅度会逐渐减少甚至消失，步距变小；因不能主动吞咽致唾液不能咽下而出现流涎；夜间可出现翻身困难。

在疾病早期，患者常常将运动迟缓误认为是无力，且常因一侧肢体的酸胀无力而误诊为脑血管疾病或颈椎病。因此，当患者缓慢出现一侧肢体的无力，且伴有肌张力增高时应警惕帕金森病的可能。

十、帕金森病姿势步态异常的临床表现是什么？

姿势步态异常指平衡功能减退、姿势反射消失引起的姿势步态不稳、易跌跤。姿势反射消失往往在疾病中晚期出现，患者不易维持身体平衡，稍不平整的路面即有可能跌倒。

姿势反射可通过后拉试验来检测。检查者站在患者的背后，嘱患者做好准备后牵拉其双肩。正常人能在后退一步之内恢复正常直立，而姿势反射消失的患者往往要后退三步以上或是需人搀扶才能直立。帕金森病患者行走时常常会越走越快，不易止步，称为慌张步态。晚期帕金森病患者可出现冻结现象，表现为行走时突然出现短暂的不能迈步，双足似乎粘在地上，须停顿数秒钟后才能再继续前行或无法再次启动。冻结现象常见于开始行走时（始动困难），转身，接近目标时，或担心不能越过已知的障碍物时，如穿过旋转门。

十一、如何确诊患者有帕金森病？

1. 中年以后发病，进行性加重的静止性震颤、肌强直、运动迟缓和体位不稳等典型神经症状和体征。

2. 必须与帕金森综合征鉴别。由于本病逐渐进展，若不及时诊治，可因严重的肌强直和继发关节僵硬等，使患者长期卧床而并发肺炎、压疮等并发症，危及生命，故应早期诊断、及时治疗。

十二、帕金森病的治疗方法有哪些？

1. 采取综合治疗，包括药物治疗、手术治疗、康复治疗、心理治疗等。

2. 药物治疗是帕金森病最主要的治疗手段。左旋多巴制剂仍是最有效的药物。

3. 手术治疗是药物治疗的一种有效补充。

4. 康复治疗、心理治疗及良好的护理也能在一定程度上改善症状。目前应用的治疗手段主要是改善症状，但尚不能阻止病情进展。

十三、帕金森病治疗的常用药物有哪些？

1. 抗胆碱能药物 主要是通过抑制脑内乙酰胆碱的活性，相应提高多巴胺效应。临床常用的是盐酸苯海索。此外有丙环定（开马君）、苯甲托品、东莨菪碱等。主要适用于震颤明显且年龄较轻的患者。老年患者慎用，闭角型青光眼及前列腺肥大患者禁用。

2. 金刚烷胺 可促进多巴胺在神经末梢的合成和释放，阻止其重吸收。对少动、僵直、震颤均有轻度改善作用，对异动症可能有效。肾功能不全、癫痫、严重胃溃疡、肝病患者慎用。

3. 多巴胺受体激动剂 可直接刺激多巴胺受体而发挥作用。目前临床常用的是非麦角类多巴胺受体激动剂，有普拉克索、罗匹尼罗、吡贝地尔、罗替戈汀和阿扑吗啡。适用于早期帕金森病患者，也可与复方左旋多巴联用治疗中晚期患者。激动剂均应从小剂量开始，逐渐加量。使用激动剂症状波动和异动症的发生率低，但体位性低血压和精神症状发生率较高。常见的不良反应包括胃肠道症状、嗜睡、幻觉等。

4. 复方左旋多巴 左旋多巴是多巴胺的前体。外周补充的左旋多巴可通过血-脑脊液屏障，在脑内经多巴脱羧酶的脱羧转变为多巴胺，从而发挥替代治疗的作用。应从小剂量开始，逐渐缓慢增加剂量直至获较满意疗效，不求全效。剂量增加不宜过快，用量不宜过大。老年患者可尽早使用，年龄小于 65 岁，尤其是青年帕金森病患者应首选单胺氧化酶 B 抑制剂或多巴胺受体激动剂，当上述药物不能很好控制症状时再考虑加用复方左旋多巴。活动性消化道溃疡者慎用，闭角型青光眼、精神病患者禁用。

十四、盐酸苯海索片的作用和不良反应分别是什么？

盐酸苯海索片为抗震颤麻痹药，用于帕金森病、帕金森综合征，也可用于药物引起的锥体外系疾患。

不良反应常见口干、视物模糊等，偶见心动过速、恶心、呕吐、尿潴留、便秘等。长期应用可出现嗜睡、抑郁、记忆力下降、幻觉、意识混浊等。

十五、多巴丝肼片的作用和不良反应分别是什么？

多巴丝肼片（美多芭）用于治疗帕金森病、症状性帕金森综合征（脑炎后、动脉硬化性或中毒性），但不包括药物引起的帕金森综合征。

最常见的药物过量症状是异常的不随意运动、意识模糊、失眠，罕见恶心、呕吐或心律失常等。

十六、盐酸普拉克索片的作用和不良反应分别是什么？

盐酸普拉克索片（森福罗）被用来治疗特发性帕金森病的体征和症状，单独（无左旋多巴）或与左旋多巴联用。例如，在疾病后期左旋多巴的疗效逐渐减弱或者出现变化和波动时（剂末现象或开关波动），需要应用本品。起始剂量为每日 0.375 mg，然后每 5～7 天增加 1 次剂量。如果患者可以耐受，应增加剂量以达到最大疗效。如果需要进一步增加剂量，应该以周为单位，每周加量 1 次，每次日剂量增加 0.75 mg，每日最大剂量为 4.5 mg。然而，应该注意的是，每日剂量高于 1.5 mg 时，嗜睡发生率增加。在本品加量和维持治疗阶段，建议根据患者的个体反应减少左旋多巴用量。中止治疗时，应该以每天减少 0.75 mg 的速度逐渐停止应用普拉克索，直到日剂量降至 0.75 mg。此后，应每天减少 0.375 mg。

使用本品预计可能出现以下不良事件：做梦异常，意识模糊，便秘，妄想，头昏，运动障碍，疲劳，幻觉，头痛，运动机能亢进，低血压，食欲增加（暴食、食欲过盛），失眠，性欲障碍，恶心，外周水肿，偏执；病理性赌博，性欲亢进或其他异常行为；嗜睡，体重增加，突然睡眠发作；搔痒、皮疹和其他过敏症状。

十七、卡左双多巴控释片的作用和不良反应分别是什么？

卡左双多巴控释片（息宁）用于原发性帕金森氏病、脑炎后帕金森氏综合征、症状性帕金森氏综合征（一氧化碳或锰中毒）、服用含吡多辛（维生素 B_6）的维生素制剂的帕金森氏病或帕金森氏综合征的患者。

最常见的不良反应是运动障碍（一种异常的不自主运动）。由于“开”时间（有时伴随运动障碍）取代了“关”时间（本品可减少该时间），使用本品运动障碍发生率稍高于普通片。其他较常见的不良反应（2%以上）有：恶心、幻觉、精神错乱、头晕、舞蹈病和口干。较少出现的不良反应（1%～2%）有：做梦异常、肌张力障碍、嗜睡、失眠、抑郁、虚弱、呕吐和厌食等。

十八、盐酸美金刚片的作用和不良反应分别是什么？

盐酸美金刚片（易倍申）常用于治疗中重度至重度阿尔茨海默型痴呆。

常见的不良反应（发生率低于 2%）有幻觉、意识混沌、头晕、头痛和疲倦。少见的不良反应（发生率为 0.1%～1%）有焦虑、肌张力增高、呕吐、膀胱炎和性欲增加。

十九、帕金森病治疗的用药原则有哪些？

药物治疗应从小剂量开始，缓慢递增，以较小剂量达到较满意的疗效。

治疗应遵循一般原则，也要考虑个体化特点，不同患者的用药选择不仅要考虑病情特点，并且都要考虑患者的年龄、就业状况、经济承受能力等因素。

二十、帕金森病患者如何行上肢锻炼？

以下每项练习3～5次：

1. 缓慢触摸下颌和胸部，约5秒钟，头向后翘起，约5秒钟。

2. 头向右转向后看，约5秒钟，同样动作向左转向后看5秒钟。

3. 右肩向下，右耳向右肩上靠，保持住；左侧重复以上动作。缓慢大范围地向一侧旋转头部，然后换方向。

4. 下颌前伸，保持5秒钟；然后内收5秒钟。

5. 伸直手臂，高举过头，向后，保持10秒钟。

6. 双手向后在背部扣住，往回拉，10秒钟。

7. 将手放在侧肩上，试着用面部去接触肘部，10秒钟。双肘分开，双手置胸前，挺胸，10秒钟。

8. 手臂置于头上，肘关节弯曲，左手抓住右肘，右手抓住右肘，身体向两侧弯曲。

二十一、帕金森病患者如何行躯干锻炼？

以下每项练习3～5次：

1. 双脚稍分开，双膝微曲，右臂高举过头，缓慢向左侧弯曲，保持住；然后左侧重复。每次保持3～5分钟。

2. 手臂前伸，轻轻地向对侧交叉。多次重复，坚持5分钟。

3. 平躺在地板上，一侧膝关节曲向胸部，保持住；另一侧重复；双侧同时再重复。

4. 平躺在在板上，双臂抱住双膝，慢慢地将头伸向膝关节。

5. 双后置于头下，保持一腿伸直，另一腿弯曲，交叉、弯曲向身体的对侧，保持住；另一侧重复。

6. 俯卧，腹部伸展，腿与骨盆紧贴地板，两手臂上撑，胸部离开地面，维持10秒钟。

7. 俯卧，手臂和双腿同时伸直离地，维持10秒钟，放松。

二十二、帕金森病患者如何行下肢锻炼？

以下每项练习3～5次：

1. 站立，双腿稍分，曲身弯腰向下，双膝稍曲，10秒钟。

2. 右手扶墙，左手抓住左脚，向后拉，维持；然后右腿重复。

3. 面向墙壁站立，双腿稍分开，双膝紧靠，手掌贴墙，身体前倾，感觉小腿肌肉牵拉，维持1～2分钟，重复练习。

4. 坐在地板上，一腿伸直，另一腿弯曲，曲腿紧靠直腿股部，试将头靠向直腿，维持；另一侧重复。

5. “印度式盘坐”，双脚掌相对，试将膝部靠向地板，维持并重复。V型坐下，头靠向右腿、中间和左腿，每个位置维持5～10秒钟。

二十三、帕金森病患者如何行外科治疗？

手术方法主要有2种，神经核毁损术和脑深部电刺激术（deep brain stimulation，DBS）。

神经核毁损术常用的靶点是丘脑腹中间核（Vim）和苍白球腹后部（PVP）。以震颤为主的患者多选取丘脑腹中间核，以僵直为主的多选取苍白球腹后部作为靶点。神经核毁损术费用低，且也有一定疗效，因此在一些地方仍有应用。

脑深部电刺激术因其微创、安全、有效，已作为手术治疗的首选。

帕金森病患者出现明显疗效减退或异动症，经药物调整不能很好地改善症状者可考虑手术治疗。手术对肢体震颤和肌强直的效果较好，而对中轴症状如姿势步态异常、吞咽困难等功能无明显改善。手术与药物治疗一样，仅能改善症状，而不能根治疾病，也不能阻止疾病的进展。术后仍需服用药物，但可减少剂量。继发性帕金森综合征和帕金森叠加综合征患者手术治疗无效。早期帕金森病患者，药物治疗效果好的患者不适宜过早手术。

二十四、帕金森病患者的生活护理要点是什么？

本病早期应坚持一定的体力活动，主动进行肢体功能锻炼，四肢各关节做最大范围的屈伸、旋转等活动，以预防肢体挛缩、关节僵直的发生。晚期患者做被动肢体活动和肌肉、关节的按摩，以促进肢体血液循环。

本病早期，患者运动功能无障碍，能坚持一定劳动，应指导患者尽量参与各种形式的活动，坚持四肢各关节的功能锻炼。随着病情发展，患者运动功能发生一定程度的障碍，生活自理能力显著降低。此时宜注意患者活动中的安全问题，走路时持拐杖助行。若患者如厕下蹲及起立困难时，可置高凳坐位排便。若患者动作笨拙，常多失误，餐食中谨防餐具跌落。无法进食者，需有人喂食。穿脱衣服、扣纽扣、结腰带、鞋带有困难者，均需给予帮助。

二十五、帕金森病患者的运动功能护理要点是什么？

1. 步态练习 患者肌肉紧张度增强，肢体乏力，不灵活，重心感丧失，有明显的步态障碍。护士应训练患者原地站立，高抬腿踏步，行走时身体直立，双眼平视，上下肢体保持协调，动作合拍；迈步时足尖先抬起，脚跟先着地，加大步伐。如是小碎步步态时，可穿鞋底摩擦力大的鞋，如橡胶底鞋；前冲步态时。不应穿有跟或坡跟的鞋，手杖可帮助患者限制前冲步态，维持平衡。

2. 面部训练 鼓腮、噘嘴、龇牙、伸舌、吹气等训练，以改善面部表情和吞咽困难现象，协调发音，保持呼吸平稳顺畅。

3. 基本动作及运动功能训练 医护人员协助患者坐下、起立、卧床、起床、床上翻身等，同时注意关节训练，如颈前屈、后伸、左右侧屈、左右外旋、肩内旋内收、外旋外展，站立时双手向上举、伸指、伸肘，下蹲时手握拳屈肘，上臂内收等被动及主动活动，要循序渐进，动静结合。

4. 语言训练 语言沟通障碍者，指导患者发音、大声朗读，告知患者运动训练的目的在于防止和推迟关节僵直和肢体挛缩，同时克服运动障碍的不良影响。

二十六、帕金森病患者的安全护理要点是什么？

1. 环境设置 帕金森病房，光线明亮，墙壁色彩明快，热水瓶置专设柜中，地面平整、干燥，防止摔伤、烫伤及其他损伤；床铺加用防护栏，防止坠床。

2. 做好运动前准备工作 运动前帮助其按摩下肢肌肉 5 分钟，同时鼓励自行按摩；为患者配置拐杖，鼓励训练使用拐杖；移去活动范围内的障碍物，保证平整、宽敞；患者的衣裤不宜过于长大，穿合适的布鞋，预防跌跤及碰伤。

3. 步行步态的训练 当患者走路遇到步僵时，先让患者停下来，站直身体，鼓励患者抬高一条腿，然后向前迈一大步，再换另一条腿，再抬高，向前迈大步，反复练习 3～5 次。

4. 陪护要求 行走时旁边皆有人守护、搀扶或拄拐杖；患者外出或做检查时，有人陪同，防止外伤、迷路等意外。

二十七、帕金森病患者的心理护理要点是什么？

1. 患者虽然有运动功能障碍，但常常意识清楚，更需要他人的尊重、友爱，害怕受到歧视。

2. 抑郁在帕金森患者中常见，约有近 1/2 的患者受此困扰，部分患者以抑郁为首发症状。患者对疾病会产生较大的心理压力，为自己躯体康复、功能恢复、病后给家庭造成的负担和社会生活能力等问题而担忧。

3. 护士应配合家属密切注意其思想动向，及时解除心中郁闷，与患者交流，分散注意力，并针对不同年龄、职业文化水平和心理需求，因人施教。

4. 护士应耐心倾听意见，尽量满足患者的合理要求，细心解释患者的病因，发病过程、转归，让患者了解病情，并让患者明白该如何康复。

5. 尊重患者，称呼患者不要用床号代替，鼓励患者维持过去的兴趣和爱好，减轻心理压力。向患者传递社会信息，帮助患者与其他患者交流，激励战胜疾病的信心，提高患者生活质量。

二十八、帕金森病患者如何预防并发症？

帕金森症是一种慢性进展性变性疾病，疾病晚期由于严重肌强直、全身僵硬终致卧床不起。本病本身并不危及生命，肺炎、骨折等各种并发症是常见死因。因此，做好基础护理，积极预防并发症不容忽视。

本病老年患者居多，免疫功能低下，对环境适应能力差。护理工作者应注意保持病室的整洁、通风，注意病房空调温度调节适度；天气变化时，嘱患者增减衣服，以免受凉、感冒，加重病情；对于晚期卧床患者，要按时翻身，做好皮肤护理，防止尿便浸渍和压疮的发生；被动活动肢体，加强肌肉、关节按摩，对防止和延缓骨关节并发症有意义；翻身时，应注意有无皮肤压伤，并防止皮肤擦伤。

坠积性肺炎、泌尿系感染是最常见的并发症，因此要给患者定时翻身、叩背，鼓励咳痰，预防肺部感染；鼓励患者多饮水，以稀释尿液；预防尿路感染，一旦发现尿液浑浊，应立即行膀胱冲洗。

二十九、如何对帕金森患者进行用药护理？

老年人给予明确用药指导是预防药物不良反应最有效的方法之一。

遵医嘱及时调整药物剂量和用药时间，空腹用药效果比较好。如多巴丝肼片（美多芭）应在餐前 30 分钟或餐后 45 分钟服用。

告知患者的服药配伍禁忌，如单用左旋多巴时禁止与维生素 B_6 同时服用。

盐酸苯海索（安坦）使老年患者易产生幻听、幻视等精神症状，以及便秘、尿潴留等，应及时发现，及时交班。

抗抑郁药，尤其是 5-羟色胺（5-HT）再摄取抑制药，由于起效慢应督促患者坚持按时、按量服用。

三十、帕金森病患者的饮食原则是什么？

1. 饮食营养均衡；

2. 避免治疗药物与膳食蛋白质的相互作用；

3. 改善胃肠功能紊乱；

4. 积极预防缺乏、监测及适量补充微量营养素和维生素。

三十一、帕金森病患者的饮食护理要点是什么？

1. 可根据患者的年龄、活动量给予足够的总热量，膳食中注意满足糖、蛋白质的供应，以植物油为主，少进动物脂肪。服用多巴胺治疗者宜限制蛋白质摄入量，因蛋白质可影响多巴胺的治疗效果。蛋白质摄入量限制在每日每公斤体重 0.8 克以下，全日总量约 40～50 克。在限制范围内多选用乳、蛋、肉、豆制品等优质蛋白质。适量进食海鲜类，能够提供优质蛋白质和不饱和脂肪酸，有利于防治动脉粥样硬化。

2. 无机盐、维生素、膳食纤维供给应充足。多吃新鲜蔬菜和水果，能够提供多种维生素，并能促进肠蠕动，防治大便秘结。患者出汗多，应注意补充水分。

3. 食物制备应细软、易消化，便于咀嚼和吞咽，按半流质或软食供给。

4. 饮食宜清淡、少盐。禁烟酒及刺激性食品，如咖啡、辣椒、芥末、咖喱等。应保证水分的充足供给。

三十二、帕金森病患者的预后如何？

帕金森病是一种慢性进展性疾病，具有高度异质性，不同患者疾病进展速度不同，目前尚不能治愈。多数患者发病数年内尚能继续工作，也有迅速发展至功能残障者，生存期为 5～20 年。

早期患者通过药物治疗多数可以很好地控制症状，至疾病中期虽然药物仍有一定作用，但常因运动并发症的出现导致生活质量下降。

疾病晚期由于患者对药物反应差，症状不能得到控制，患者可全身僵硬，生活不能自理，甚至长期卧床，最终多死于肺部感染、外伤等并发症。

第八章　发作性疾病

第一节　癫　　痫

一、什么是癫痫？

癫痫是由多种原因导致的脑部神经元高度同步化异常放电所致的临床综合征，临床表现具有发作性、短暂性、重复性和刻板性的特点。

异常放电神经元的位置不同及异常放电波及的范围差异，导致患者的发作形式不一，可表现为感觉、运动、意识、精神、行为、自主神经功能障碍或兼有之。临床上每次发作或每种发作的过程称为痫性发作，一个患者可有一种或数种形式的痫性发作。在癫痫发作中，一种具有相似症状和体征特性所组成的特定癫痫现象统称为癫痫综合征。

二、癫痫的流行病学有什么特点？

癫痫是神经系统常见疾病，流行病学资料显示癫痫的年发病率为（50～70）/10万；患病率为5‰；死亡率为（1.3～3.6）/10万，为一般人群的2～3倍。我国目前约有900万以上癫痫患者，每年新发癫痫患者65万～70万，30%左右为难治性癫痫。我国的难治性癫痫患者至少在200万以上。

有调查结果显示，我国农村地区的癫痫患病率、年发病率呈上升趋势，男性癫痫患病率要高于女性，这与现有国外调查资料结果相符。调查显示癫痫的发病率与年龄有关，以1～10岁发病率最高，以后均较低，但60岁以后则各家报道不一。中国5省农村流行病学调查也显示癫痫在儿童期发病频率最高，9岁以前发病者接近50%，以后随年龄增高而逐渐下降，未见老年期有明显上升的趋势 。

三、癫痫的病因有哪些？

儿童及青少年时期癫痫发病的主要原因为产前及围生期因素、遗传因素或代谢障碍、中枢神经感染及热性惊厥和颅脑外伤等。

脑卒中后癫痫多见于中、老年人，尤其是脑栓塞、脑血栓形成和多发性腔隙发作，这是老年人癫痫的最主要原因，病情越重者发病率越高。

颅内感染引起的癫痫常见于儿童。对于长时间昏迷反复抽搐的患者，应注意排除乙型脑炎、单纯疱疹病毒脑炎，应尽早做腰穿以明确诊断。

颅内损伤也是导致癫痫发病的原因，多见于成年男性。

癫痫发作的危险因素包括遗传因素、产前及产时损伤、高热惊厥史、脑外伤、脑瘤及颅脑手术、脑血管病及神经系统其他疾病、中毒等。成人时期癫痫发病的主要危险因素为脑肿瘤、脑血管畸形、内分泌及代谢疾病。有学者认为地理环境、季节差异、社会经济因素都可成为癫痫的危险因素。

四、影响癫痫发作的因素有哪些？

癫痫的发病诱因极其复杂，一般认为主要是由大脑皮层运动神经元异常放电等多种原因所致。按病因分类可分为3种：

1. 原发性　即未能找到任何获得性致病因素的癫痫。

2. 继发性　即具有明确的导致脑功能受累的病因者。

3. 隐源性　即尚未找到确切病因者。

引起癫痫的原因有很多一般认为与下列因素有关：①遗传因素；②颅脑损伤与颅内感染；③长期大量饮酒；④情绪波动；⑤年龄；⑥睡眠；⑦内环境改变等等。

五、癫痫有哪些共同的临床表现?

癫痫的临床表现丰富多样，但都具有如下特征：

1. 发作性 即症状突然发生，持续一段时间后迅速恢复，间歇期正常；

2. 短暂性 发作持续时间非常短，通常为数秒或数分钟，除癫痫持续状态外，很少超过半小时；

3. 重复性 即第一次发作后，经过不同间隔时间会有第二次或更多次的发作；

4. 刻板性 每次发作的临床表现几乎一致。

六、什么是癫痫部分性发作?

癫痫部分性发作是指源于大脑半球局部神经元的异常放电，包括单纯部分性、复杂部分性、部分性继发全面性发作三类。

前者为局限性发作，无意识障碍，后两者放电从局部扩展到双侧脑部，常常会出现意识障碍。

七、什么是癫痫全面性发作?

最初的症状学和EEG提示此种发作起源于双侧脑部，多在发作初期就有意识丧失。包括：①全面强直-阵挛发作；②强直性发作；③阵挛性发作；④失神发作；⑤肌阵挛发作；⑥失张力发作。

八、癫痫部分性发作有哪些常见类型?

1. 单纯部分性发作 ①部分运动性发作；②部分感觉性发作；③自主神经性发作；④精神性发作。

2. 复杂部分性发作 ①仅表现为意识障碍；②仅表现为意识障碍和自动症；③表现为意识障碍与运动症状。

3. 部分性发作继发全面性发作

九、癫痫部分运动性发作的临床表现有哪些?

表现为身体某一局部发生不自主抽动，多见于一侧眼睑、口角、手或足趾，也可波及一侧面部或肢体，病灶多在大脑中央前回及附近。

十、癫痫部分感觉性发作的临床表现有哪些?

躯体感觉性发作常表现为一侧肢体麻木感和针刺感，多发生在口角、舌、手指或足趾，病灶多在中央后回躯体感觉区；

特殊感觉性发作可表现为视觉性（如闪光或黑矇等）、听觉性、嗅觉性和味觉性异常；

眩晕性发作表现为坠落感、飘动感或水平、垂直运动感等。

十一、癫痫自主神经性发作的临床表现有哪些?

出现苍白、面部及全身潮红、多汗、立毛、瞳孔散大、呕吐、腹痛、肠鸣、烦渴和欲排尿感等症状。病灶多位于岛叶、丘脑及周围（边缘系统），易扩散出现意识障碍，成为复杂部分性发作的一部分。

十二、癫痫精神性发作的临床表现有哪些?

可表现为各种类型的记忆障碍（如似曾相识、似不相识、强迫思维、快速回顾往事）、情感障碍（无名恐惧、忧郁、欣快、愤怒）、错觉（视物变形、变大、变小，声音变强或变弱）、复杂幻觉等。

病灶位于边缘系统。精神性发作虽可单独出现，但常为复杂部分性发作的先兆，也可继发全面性强直-阵挛发作。

十三、癫痫复杂部分性发作的临床表现有哪些?

占成人癫痫发作的 50%以上，也称为精神运动性发作，病灶多在颞叶，故称为颞叶癫痫，也可见于额叶、嗅皮质等部位。

十四、癫痫全面性发作的发作类型有哪些？

1. 全面强直-阵挛发作　最常见的发作类型之一，过去称作大发作，以意识丧失或全身性对称性抽搐为特征；

2. 强直性发作　全身肌肉痉挛，肢体伸直，头眼偏向一侧，常常伴有自主神经症状，如苍白、潮红、瞳孔散大等。躯干的强直性发作造成角弓反张；

3. 阵挛性发作　为全身重复性阵挛发作，恢复多较全面强直-阵挛发作快；

4. 肌阵挛发作　为突然、短暂、快速的肌肉收缩，累及全身，也可仅限于面部、躯干和肢体；

5. 失神发作　意识短暂丧失，持续约 3～15 秒，无先兆和局部症状，发作和停止均很突然，每天发作数次或数十次不等。发作时呼之不应，两眼瞪视不动，事后清醒，对发作毫无记忆。

十五、全面强直-阵挛发作分哪 3 期？

1. 强直期　所有骨骼肌持续性收缩。

2. 阵挛期　不同的肌肉群交替强直和松弛。

3. 发作后期　阵挛期之后尚有短暂的强直痉挛。

十六、癫痫全面发作强直期有哪些临床表现？

表现为全身骨骼肌持续性收缩。眼肌收缩出现眼睑上牵、眼球上翻或凝视；咀嚼肌收缩出现张口，随后猛烈闭合，可咬伤舌尖；喉肌和呼吸肌强直性收缩致患者尖叫一声，呼吸停止；颈部和躯干肌肉的强直性收缩致颈和躯干先屈曲，后反张；上肢由上举后旋转为内收旋前，下肢先屈曲后猛烈伸直，持续 10～20 秒后进入阵挛期。

十七、癫痫全面发作阵挛期有哪些临床表现？

肌肉交替性收缩与松弛，呈一张一弛交替性抽动，阵挛频率逐渐变慢，松弛时间逐渐延长，本期可持续 30～60 秒或更长。在一次剧烈阵挛后，发作停止，进入发作后期。

十八、癫痫全面发作发作后期有哪些临床表现？

阵挛期之后尚有短暂的强直痉挛，以面肌和咬肌为主，造成牙关紧闭和大小便失禁，可发生舌咬伤。之后呼吸首先恢复，口鼻喷出泡沫或血沫。心率、血压和瞳孔恢复正常。肌肉松弛，逐渐清醒。醒后头痛、疲劳，不能回忆抽搐过程。部分患者进入昏睡。

十九、癫痫失神发作的临床表现有哪些？

1. 典型失神发作　儿童期起病，青春期前停止发作。特征性表现是突然短暂的（5～10 秒）意识丧失和正在进行的动作中断，双眼茫然凝视，呼之不应，可伴简单自动性动作，如擦鼻、咀嚼、吞咽等，或伴失张力如手中持物坠落或轻微阵挛，一般不会跌倒，事后对发作全无记忆，每日可发作数次或数百次。发作后立即清醒，无明显不适，可继续先前活动。醒后不能回忆。

2. 不典型失神发作　起始和终止均较典型失神缓慢，除意识丧失外，常伴肌张力降低，偶有肌阵挛。多见于有脑损害患儿，预后较差。

二十、癫痫强直性发作的临床表现有哪些？

多见于弥漫性脑损害的儿童，睡眠中发作较多。表现为与全面强直-阵挛性发作中强直期相似的全身骨骼肌强直性收缩，常伴有明显自主神经症状，如面色苍白等。如发作时处于站立位可剧烈摔倒。发作持续数秒至数 10 秒。

二十一、癫痫肌阵挛发作的临床表现有哪些？

表现为快速、短暂、触电样肌肉收缩，可遍及全身，也可限于某个肌群或某个肢体，常成簇发生，声、光等刺激可诱发。

可见于任何年龄，常见于预后较好的特发性癫痫患者，如婴儿良性肌阵挛性癫痫；也可见于罕见的遗传性神经变性病以及弥漫性脑损害。

二十二、癫痫失张力发作的临床表现有哪些?

是姿势性张力丧失所致。部分或全身肌肉张力突然降低导致垂颈（点头）、张口、肢体下垂（持物坠落）或躯干失张力跌倒或猝倒发作，持续数秒至 1 分钟，时间短者意识障碍可不明显，发作后立即清醒和站起。

二十三、癫痫持续状态的临床表现有哪些?

癫痫持续状态又叫癫痫状态，是指癫痫连续发作之间意识尚未完全恢复又频繁再发，或癫痫发作持续 30 分钟以上，不能自行停止，通常是指全面性强直-阵挛发作持续状态。

最常见的原因是不适当的停用抗癫痫药物，或因急性脑病、脑卒中、脑炎、外伤、脑肿瘤和药物中毒引起，不规范的抗癫痫药物治疗、感染、精神因素、过度疲劳、孕产、饮酒等也可诱发。

二十四、癫痫患者需要做哪些检查和化验?

1. EEG 是诊断癫痫最重要的辅助检查方法。近年来广泛应用 24 小时长程脑电监测和视频 EEG。

2. 神经影像学检查 CT、MRI

3. 血清催乳素 较正常值升高。

4. 神经元特异性烯醇化酶 较正常值升高。

二十五、如何确诊患者患有癫痫?

癫痫是多种病因所致的疾病，其诊断需遵循 3 步原则：

1. 首先明确发作性症状是否为癫痫发作；
2. 其次是哪种类型的癫痫或癫痫综合征；
3. 最后明确发作的病因是什么。

最近国际抗癫痫联盟提出了癫痫国际诊断新方案，要求将癫痫的诊断分为 5 步：

1. 首先对发作现象进行标准化的术语描述；
2. 根据发作现象的标准化描述，按国际抗癫痫联盟制定的发作类型进行分类；
3. 根据发作和伴随症状在国际抗癫痫联盟统一制定的癫痫综合征中寻求是否是特殊的癫痫综合征；
4. 进一步寻找患者可能的病因；
5. 最后按世界卫生组织制定的《国际损伤、失能和残障分类》标准评定患者的残损程度。

二十六、癫痫的病因治疗有哪些?

1. 少吃水和盐 体内积蓄水分过多的情况下癫痫容易发病。

2. 适当限制糖类的摄入量 癫痫患者所需的热能和蛋白质与正常人相同，而糖类的摄入不宜太多，可以适当增加脂肪的供应量；限制水分每天不超过 1000 毫升；充分供给维生素与矿物质，尤其是铁、钙等元素；禁止食用含糖多的食物和刺激性食物。

3. 限制钾的摄入量 脑外伤引起的癫痫患者和长期服用镇静药物的患者会出现一些脱水等症状。严重者可出现电解质紊乱（高钾血症）。当饮食中含钾过多，就会增加患者的血钾含量，所以癫痫患者钾的摄入量每天不应超过 3 克。

4. 癫痫患者不宜多吃含锌高的食物 经长期抗癫痫药物治疗后的患者，血锌浓度比用药前明显下降，有的甚至出现某些缺锌症状。这说明癫痫的发生与体内特别是脑内锌含量增高有密切关系。

5. 避免食用诱发癫痫的食物 辛辣刺激的食物、饮酒、吸烟、咖啡、浓茶应绝对禁止食用。

6. 癫痫患者应增加镁的摄入量 癫痫患者经常会缺乏镁，尤其是需要长期药物治疗的患者，成年人体内含镁 20～25 克，大约有一半集在中骨骼内，骨骼中的镁不能供给身体细胞使用。如果缺镁时，除影响骨骼成骨外，还可导致肌肉颤抖、精神紧张。

二十七、癫痫发作时如何治疗？

治疗的一般措施就是要保持生命体征的稳定，为后继治疗打下基础。一般措施包括以下几点：

1. 尽可能详细的询问家属及目击者发作时的情况，以寻找可能诱因，在明确诊断后，需分清发作类型及是否是特殊的癫痫综合征。

2. 保持呼吸道通畅。将患者仰卧，头颈半伸位，并转向一侧，以利口腔分泌物流出，吸痰，尽可能清除呼吸道分泌物以保持呼吸道通畅。

3. 给氧，做好气管插管或切开准备。缺氧是脑损伤的重要原因，尤其是年轻患者，与高死亡率有关。因此，在其他原因所致呼吸衰竭之前早期开始辅助通气。

4. 建立静脉通路。如果不能静脉给药，需做好其他途径的给药准备，如直肠给药等。

5. 加强血压、体温、血糖的监测与调控。

6. 处理诱发因素。

7. 纠正电解质紊乱，处理酸中毒。

8. 防止脑水肿和其他并发症。

9. 决定是否送入神经重症疾病监护病房。

二十八、癫痫药物治疗的原则有哪些？

尽管随着抗癫痫药物不断更新，治疗方案不断规范，但仍有 30%左右患者接受抗癫痫治疗后痫性发作仍不能得到有效控制。2010 年国际抗癫痫联盟提出耐药癫痫定义专家共识，共识指出：接受 2 种或 2 种以上抗癫痫治疗方案失败的癫痫称为耐药癫痫（不论是单药治疗还是多种药物的组合）。我国较常见的治疗原则如下：

1. 按发作类型选择药物，明确癫痫的诊断与分型和熟悉抗癫痫药物的抗癫痫谱是正确选药的基础。一般认为，大发作、局限性发作选用卡马西平、苯妥英、丙戊酸钠、苯巴比妥和扑米酮；肌阵挛性发作选用氯硝西泮、丙戊酸钠和扑米酮；精神运动性发作选用卡马西平、丙戊酸钠和苯妥英；小发作选用乙琥胺、丙戊酸钠、三甲双酮和氯西泮。

2. 早期治疗。

3. 尽量单药治疗。

4. 用药要遵循剂量个体化。

5. 合理安排服药时间。

6. 换药与停药要慎重。

7. 密切注意药物的不良反应。

二十九、常用的抗癫痫药物有哪些？

1. 常用的抗癫痫药物　卡马西平、苯妥英钠、苯巴比妥钠、丙戊酸钠、扑米酮、乙琥胺、氯硝西泮。

2. 辅助用药　钙拮抗药中的氟桂利嗪和尼莫地平，常被列为首选药物。

3. 新型抗癫痫药　托吡酯、拉莫三嗪、加巴喷丁、非尔氨酯、奥卡西平、氨己烯酸、噻加宾、唑尼沙胺、左乙拉西坦、普瑞巴林。

三十、癫痫持续状态的治疗方法有哪些？

1. 氯胺酮麻醉药；

2. 吸入性麻醉药；

3. 免疫调节药；

4. 低温治疗；

5. 外科手术；

6. 生酮饮食。

三十一、卡马西平的作用和不良反应分别是什么？

卡马西平（得理多）是一种常见的精神性药物，常用于治疗癫痫复杂部分性发作、简单部分性发作和继发性全身发作等部分性发作，以及强直、阵挛、强直阵挛发作等全身性发作。

常见的不良反应是头晕、共济失调、嗜睡和疲劳等。

三十二、苯巴比妥钠的作用和不良反应分别是什么？

苯巴比妥钠（鲁米那）为镇静催眠药、抗惊厥药，是长效巴比妥类的典型代表。随着剂量加大，对中枢的抑制作用表现为镇静、催眠、抗惊厥及抗癫痫。

大剂量对心血管系统、呼吸系统有明显抑制，过量可麻痹延髓呼吸中枢致死。可产生依赖性，包括精神依赖和身体依赖。

三十三、丙戊酸钠的作用和不良反应分别是什么？

丙戊酸钠（德巴金）为一种不含氮的广谱抗癫痫药，对多种原因引起的惊厥均有不同程度对抗作用，对人的各型癫痫如各型小发作、肌阵挛性癫痫、局限性发作、大发作和混合型癫痫均有效。口服吸收快而完全，主要分布在细胞外液，在血中大部分与血浆蛋白结合。多用于其他抗癫痫药无效的各型癫痫患者，尤以小发作为最佳。本药为原发性大发作和失神小发作的首选药，对部分性发作（简单部分性和复杂部分性及部分性发作继发大发作）疗效不佳。对难治性癫痫可以试用。

常见不良反应表现为腹泻、消化不良、恶心、呕吐、胃肠道痉挛，可引起月经周期改变。

三十四、氯硝西泮的作用和不良反应分别是什么？

氯硝西泮（氯硝安定）为广谱抗癫痫药物，主要用于治疗癫痫和惊厥，对各型癫痫均有效，尤以对小发作和肌阵挛发作疗效最佳。本品尚具有抗焦虑、催眠及中枢性肌肉松弛作用，可用于治疗焦虑状态和失眠，对舞蹈症亦有效。对药物引起的多动症、慢性多发性抽搐、僵人综合征、各类神经痛也有一定疗效。作用类似于地西泮及硝西泮，但抗惊厥作用比前两者强 5 倍，且作用迅速。

常见不良反应是嗜睡、头晕、头痛、兴奋、不安、乏力、言语不清、行为障碍等。长期服药可致体重增加、抑郁状态、性功能异常等，并可产生耐受性和依赖性。

三十五、托吡酯的作用和不良反应分别是什么？

托吡酯（妥泰）为广谱抗癫痫药，对各类癫痫发作均有效。其中原发性或继发性全身强直-阵挛发作及单纯或复杂部分发作效果尤其明显。对肌阵挛、婴儿痉挛也有效。作为心境稳定剂用于治疗双相障碍。

最常见的不良反应主要为与中枢神经系统相关的症状，包括共济失调、注意力受损、意识模糊、头晕、疲劳、感觉异常、嗜睡和思维异常。

三十六、拉莫三嗪的作用和不良反应分别是什么？

拉莫三嗪（利必通）主要用于 12 岁以上儿童及成人癫痫的单药治疗，包括简单部分性发作、复杂部分性发作、继发性全身强直-阵挛性发作等癫痫发作的治疗。

常见的不良反应是皮疹、失眠、头痛、头晕、共济失调等。

三十七、加巴喷丁的作用和不良反应分别是什么？

加巴喷丁（派汀）常用于成人和 12 岁以上儿童伴或不伴继发性全身发作、部分性发作性癫痫的辅助治疗。也可用于 3～12 岁儿童部分性发作性癫痫的辅助治疗。

常见的不良反应是嗜睡、疲劳、眩晕、头痛、恶心、呕吐、体重增加、紧张、失眠、共济失调、眼球震颤、感觉异常等。

三十八、奥卡西平的作用和不良反应分别是什么？

奥卡西平（曲莱）是一种神经性药物，是卡马西平的10-酮基衍生物，药效与卡马西平相似或稍强。在临床上主要用于对卡马西平有变态反应者，可作为卡马西平替代药物应用临床。用于癫痫复杂部分性发作和全身强直阵挛性发作，还可作为难治型癫痫的辅助治疗。用于不耐受卡马西平或用其治疗无效的三叉神经痛。

常见的不良反应是头晕、头痛、复视，过量后可出现共济失调。

三十九、左乙拉西坦的作用和不良反应分别是什么？

左乙拉西坦（开浦兰）常用于成人及4岁以上儿童癫痫患者部分性发作的加用治疗。

常见的不良反应有嗜睡、乏力和头晕，常发生在治疗开始阶段。随着时间推移，不良反应发生率和严重程度会随之降低。

四十、普瑞巴林的作用和不良反应分别是什么？

普瑞巴林（乐瑞卡）为抗癫痫药，结构和作用与加巴喷丁相似，具有抗癫痫、镇痛和抗焦虑活性，临床上主要治疗带状疱疹后神经痛。

常见的不良反应是头晕、嗜睡、共济失调、头痛等。

四十一、什么是生酮饮食？

生酮饮食是一个脂肪高比例、糖类低比例，蛋白质和其他营养素合适的配方饮食。这一疗法20世纪用于治疗儿童难治性癫痫至今已有数十年的历史。

国际上普遍认为新型抗癫痫药物仅对30%～40%的难治性癫痫儿童有效（发作减少50%以上），而生酮饮食对50%～80%的难治性癫痫儿童有效，30%的患儿发作可减少90%，10%～20%的患者可完全控制发作，故其疗效类似或略高于当下任何一种新型抗癫痫药。通常接受饮食治疗的年龄是1～10岁，但不排除其他年龄患者试用，许多患者从而能减少抗癫痫药的应用，减少药物不良反应，并能改善认知和行为障碍。

四十二、生酮饮食的机制是什么？

生酮饮食是一个高脂、低糖类和适当蛋白质的饮食，它模拟了人体饥饿的状态。脂肪代谢产生的酮体作为另一种身体能量供给源可以产生对脑部的抗惊厥作用。其具体抗惊厥机制还不清楚，一般认为可能有以下4个方面：①改变脑的能量代谢方式；②改变细胞特性，降低兴奋性和缓冲癫痫样放电；③改变神经递质、突触传递、神经调质的功能；④改变脑细胞外环境，降低兴奋性和同步性。

四十三、生酮饮食常见的并发症有哪些？

1. 低血糖　如果患者能产生酮症的话，一般都能耐受低血糖。如果出现神经系统症状的过分低血糖，可口服适量糖类（如100～200ml橘子汁）。

2. 过分酮症　查血气分析，如果pH正常，继续生酮饮食。如果pH低（非代偿性酸中毒），降低生酮饮食的比例或口服适量糖类（如100～200ml橘子汁）。

3. 酮症不足　检查是否有使用或食用其他糖类（如牙膏、饮料、含糖药物等）。

4. 恶心、呕吐　查血气分析，如果pH低且酮体高（非代偿性酸中毒），处理见上（过分酮症）；如果酮体低，则需查血糖。

5. 困倦或嗜睡　一般为短暂性的，能在1～2周内消失。注意有无合并应用其他致嗜睡的药物（如鲁米那，安定等）。

6. 神经系统症状（发作增加或无效）　如在开始生酮饮食的早期即出现发作增多，需考虑立即停用。如果酮体在所需范围，而发作无减少，应用1～3月后，确认无效，可予葡萄糖终止生酮饮食。如果发作时间很长，予安定5～10mg静脉推注。

四十四、癫痫患者如何保持呼吸道通畅?

清除口腔内呕吐物及分泌物，尤其是在饭后发作的患者，大量呕吐物从口腔甚至鼻腔喷出，及时吸出食物饭菜残渣或用手抠出，防止发生吸入性肺炎、肺部感染及呼吸道阻塞。

意识障碍甚至昏迷者频繁抽搐，紧急情况下，在抽搐间歇置入口咽通气管，保持呼吸道通畅及防止舌后坠。正确的送管方法是将口咽通气管像压舌板一样平行送入口腔，压住舌面向后送入，当前端置于舌根之后，再将口咽通气管旋转 90°卡住固定。

出现呼吸衰竭时给予气管插管。

四十五、如何做好癫痫患者的病情观察?

1. 快速准确评估患者的意识状态、生命体征、头颈四肢的位置、瞳孔大小、眼球偏向、病程持续时间、诱发因素，注意有无窒息、尿失禁等，如发现异常应及时通知医师并进行处理。

2. 癫痫发作停止，立即评估定向力、记忆力、判断力、语言能力、有无皮肤损伤、大小便失禁、瞳孔大小及对光反射。

3. 注意发作时的意识情况和表现形式，以利鉴别发作类型或真假发作。密切观察并详细记录抽搐起始部位、眼球偏向何方、瞳孔大小、有无大小便失禁及整个发作过程持续时间和间歇时间。这对定位、定性诊断及估计预后，及时控制抽搐的发生很重要。对意识模糊或处于浅昏迷状态患者，应注意观察肢体活动。

4. 及时做好特别护理记录，预防感染和各种并发症。

四十六、癫痫发作期的安全护理要点是什么?

1. 提供安全、安宁的住院环境；病室内外、床边无危险物品及障碍物，患者的床铺应加床档，床铺尽量矮些，以免抽搐落地摔伤；保持病房安静，避免强光刺激；工作人员一定要注意服务态度和言行，以免刺激；平时取出口腔中的活动义齿，床旁备齐急救药品、急救器材并保持性能良好、处于备用状态。

2. 防止患者摔倒，避免跌伤，并迅速将手绢、纱布等卷成卷，垫在患者上下齿之间。立即解开患者衣领，放松裤带。

3. 为防止舌后坠堵塞气管而引起窒息，应将患者下颌托起，伸颈、下颌向前，以防误吸，将患者头偏向一侧，头位稍低，以利痰液自行流出；及时吸痰、吸氧，必要时行气管插管或气管切开。

4. 迅速建立大静脉输液通路，遵医嘱使用抢救药物。迅速控制发作是治疗的关键。当患者临床惊厥性发作持续时间超过 5 分钟或超过平时发作持续的时间时，即应考虑到发展成全身惊厥性癫痫持续状态的可能性，并做好全身惊厥性癫痫持续状态的抢救准备。同时，对患者的病情进行快速准确评估，评估患者的意识状态、生命体征、头颈四肢位置、瞳孔大小、眼球偏向、病程持续时间、诱发因素等。

5. 癫痫发作停止立即评估定向力、记忆力、判断力、语言能力、有无皮肤损伤、大小便失禁、瞳孔大小及对光反射。因癫痫患者常有呼吸循环功能异常，而止痉药对呼吸肌有抑制作用，患者随时有呼吸停止的危险。

四十七、癫痫发作期的对症护理要点有什么?

1. 保持呼吸道通畅，严防窒息　随时清除口腔及呼吸道分泌物，防止发生吸入性肺炎和窒息。患者昏迷，喉头痉挛，分泌物增多，及时吸痰，防止窒息，每次吸痰不超过 15 秒，以免引起反射性呼吸心跳停止；检查患者牙齿是否脱落，有义齿应立即取下。

2. 吸氧　患者取头低侧卧位或平卧位，将头偏向一侧，解开衣领和腰带，及时吸出口、咽部的分泌物和呕吐物，防止窒息和肺部感染，明显缺氧时给予低流量吸氧。但要注意：过多吸氧可引起脑血管痉挛，促使抽搐发作。鼻塞给氧，因位置浅，加上患者躁动，不能很好地达到供氧目的，故采用鼻导管供氧，深插 1～2cm，不易滑脱可保证供氧。常规给予鼻导管吸氧（流量 1～2L/min），发绀明显者可选用有面罩吸氧（流量不宜小于 5L/min）。密切观察呼吸频率、节律、深度变化，听诊肺部体征，监测血氧饱和度。对出现呼吸过慢或血氧饱和度<85%，经常规处理无法改善者，给予呼吸机辅助呼吸，必要时行气管切开，发现换气不足时行人工呼吸。

3. 降温　癫痫持续状态常伴有中枢性和继发性高热，长时间高热使机体基础代谢率增高，脑组织需氧量增加，以致脑水肿加重。因此，积极降温是减轻脑水肿、保护脑组织的必要措施。对高热患者应给予物理降温及遵医嘱行退热药物。物理降温常行头戴冰帽，四肢大动脉处放置冰袋或温水擦浴，高温不退者还可使用冬眠疗法。

4. 防治脑水肿　癫痫发作期，呼吸不规则、脑组织缺氧、血管通透性增加，引起脑组织水肿，所以给予吸氧，改善脑缺氧，减轻脑水肿；为预防水肿，适当应用利尿剂，根据病情给予甘露醇 150～250ml 静脉输注。用药时应注意观察患者的心功能情况及尿量情况，一旦出现喘憋或血尿、尿量减少，及时报告医师并遵医嘱处理。

5. 控制癫痫发作　癫痫持续状态患者治疗不及时可造成持久性的脑损害，应选择作用强、起效快、足量的抗癫痫药物尽早控制发作，减少后遗症。首选地西泮 10～20mg 缓慢静脉注射，速度不超过 2mg/min，如不能控制，15～30min 再重复用药 1 次；或 100～200mg 地西泮溶解于 5%葡萄糖盐水 500ml，12 小时内缓慢静脉输注；也可配合苯巴比妥 0.2～0.4g 肌内注射。

四十八、癫痫发作间歇期的安全护理要点是什么？

1. 对间歇期患者即神志模糊或处于浅昏迷状态患者，应注意观察肢体活动及尿量。观察是否突然发作、有无先兆，是否张口尖叫，有无大、小便失禁情况。要详细记录脉搏、呼吸、血压变化，以供医师了解病情，调整用药。在常规治疗和护理的基础上，进行全程系统护理干预。

2. 患者住院期间，为其讲授癫痫病常识，包括癫痫病因、发病机制、症状、治疗、预防、康复护理等方面的知识，强调按时、按量服药的重要性，使患者对自己的病情、治疗、转归有一个科学的认识。让患者树立自信心，提高其战胜疾病的信心。同时了解患者家庭情况，取得家庭的支持，使家庭照顾者更好地帮助和督促患者遵医。

3. 针对患者的思想顾虑给予疏导和帮助，提供良好的生活治疗环境，使患者克服自卑感，树立战胜疾病的信心。

4. 培养良好的生活习惯，避免高空作业、开车、游泳等危险活动，避免激动、过劳、惊恐等诱发因素，给予富有营养且易于消化的饮食。

5. 运用真实病例和大众熟知的事实，向患者讲解遵医行为的重要性。

6. 建立免费癫痫咨询门诊，方便患者及家属遇到问题时能够及时前来咨询。设立咨询电话，经常提醒、督促患者的遵医行为，随时回答患者及其家属提出的问题。

四十九、如何做好癫痫患者的心理护理？

癫痫患者反复的癫痫发作、社会歧视、长期服药等情况使其个人及其家属承受着沉重的心理和社会负担。因对癫痫发作的担忧和耻辱感的长期存在，多数患者社会角色弱化且更容易产生心理疾病。

国内研究示 43.5%的癫痫患者合并抑郁，28.5%的癫痫患者合并焦虑。大多数院前急救患者，病情复杂，症状严重，患者及其家属的心态和求医心理复杂多样，最突出和常见的心理反应是焦虑和恐慌，此时患者及其家属视医护人员为救星。因此，医护人员要有良好应急能力，能迅速稳定患者及其家属的情绪，快速实施抢救。

癫痫持续状态解除后，注意消除患者精神上的负担。因为患者常因这种疾病而有恐惧、焦虑和自卑感。通过与患者耐心交谈，使其对病情有所了解，只要保持心情愉快，按时服药，本病发作是可以预防的，从而增强他们战胜疾病的信心。

五十、癫痫患者的用药护理要点是什么？

1. 抗癫痫药物疗法是控制癫痫发作的主要途径。由于用药周期较长，传统抗癫痫药物的长期应用对患者的不良反应较大，可采用一些已得到临床验证的某些效果好、不良反应小的新型抗癫痫药物，如噻加宾、丙戊酸钠、普瑞巴林、拉莫三嗪等。

2. 护理人员应根据患者发作类型和发作频次分别采用个性化的给药方案，给药前向患者说明服药的意义、服药的注意事项及其不良反应等，切忌突然停药或换药，并告知不严格遵医嘱服药而可能导致的后果。

3. 癫痫的药物疗法应首先考虑单药疗法，从小剂量开始逐步加量直至产生临床疗效；若单药疗法无法达到临床效果时才考虑两种或两种以上药物的协同疗法，以达到癫痫发作次数最少、不良反应最小及生活质量最佳的目标。

五十一、常用抗癫痫药物的不良反应有哪些？

1. 苯妥英钠 胃肠道症状、毛发增多、复视、面容粗糙、精神症状。特异反应有骨髓、肝、心脏功能损害，皮疹。

2. 卡马西平 胃肠道症状、复视、嗜睡、增重。特异反应有骨髓、肝损害，皮疹。

3. 苯巴比妥 复视、嗜睡、认知与行为改变。特异反应少见。

4. 丙戊酸钠 肥胖、毛发减少、嗜睡、震颤、踝肿胀、肝功能异常。特异反应有骨髓、肝损害，胰腺炎。

5. 托吡酯 震颤、头痛、头晕、胃肠道症状、精神症状、体重减轻。

6. 拉莫三嗪 头晕、嗜睡、恶心。

五十二、癫痫患者的预后如何？

癫痫为可治疗性疾病，大多数患者预后良好，但不同类型的癫痫预后差异很大，有自发缓解、治疗后痊愈、长期服药控制和发展为难治性癫痫等。

67%～75%的患者可完全控制发作，其中约半数患者治疗一段时间后可停药。个别患者在癫痫发作时可因窒息或吸入性肺炎发生危险，还可导致骨折、脱臼等。如果癫痫持续状态不能及时控制，可因高热、循环衰竭或神经元兴奋毒性损伤而导致死亡。

第二节 偏 头 痛

一、什么是偏头痛？

偏头痛是临床常见的原发性头痛，常常反复发作，其特征是发作性、多为偏侧、中重度、搏动样头痛，表现为头一侧疼痛或两侧都痛，以搏动性头痛多见，一般持续 4～72 小时，常伴食欲下降或恶心，重者甚至出现呕吐症状，光、声刺激或体力活动可加重症状，安静环境、休息可缓解头痛。偏头痛是一种常见慢性神经血管性疾病，患病率为 5%～10%。

二、偏头痛的病因有哪些？

偏头痛病因至今没有统一的、明确的理论来解释，可能与下列因素有关：

1. 内因 偏头痛具有遗传易感性，约 60%的偏头痛患者有家族史，其亲属出现偏头痛的风险是一般人群的 3～6 倍。家族性偏瘫性偏头痛呈高度外显率的常染色体显性遗传。本病女性多于男性，多在青春期发病，月经期容易发作，妊娠期或绝经后发作减少或停止。这提示内分泌和代谢因素参与偏头痛的发病。

2. 外因 环境因素也参与偏头痛的发作。偏头痛发作可由某些食物和药物所诱发，食物包括含酪胺的奶酪、含亚硝酸盐的肉类和腌制食品、含苯乙胺的巧克力、含谷氨酸钠的食品添加剂及葡萄酒等；药物包括口服避孕药和血管扩张剂如硝酸甘油等。另外，强光、过劳、应激以及应激后的放松、睡眠过度或过少、禁食、紧张、情绪不稳定等也是偏头痛的诱发因素。

三、偏头痛的临床表现分为哪 3 种类型？

偏头痛有以下 3 种类型，以前 2 种偏头痛最为常见，患者可有 2 种类型的发作，个别有 3 种类型发作。

1. 有先兆的偏头痛，典型偏头痛；

2. 无先兆的偏头痛，普通型的偏头痛；

3. 特殊类型的偏头痛。

四、无先兆偏头痛的临床表现有哪些？

无先兆偏头痛是最常见的偏头痛类型，约占 80%。临床表现为反复发作的一侧或双侧额颞部疼痛，呈搏动性，疼痛持续时伴颈肌收缩可使症状复杂化。常伴有恶心、呕吐、畏光、畏声、出汗 、全身不适、头皮触痛等症状。本型偏头痛常与月经有明显的关系。与有先兆偏头痛相比，无先兆偏头痛具有更高的发作频率，可严重影响患者工作和生活，常需要频繁应用止痛药治疗，易合并出现新的头痛类型即药物过量使用性头痛。

五、先兆偏头痛的临床表现有哪些？

有先兆偏头痛约占偏头痛患者的10%。发作前数小时至数日可有倦怠、注意力不集中和打哈欠等前驱症状。在头痛之前或头痛发生时，常以可逆的局灶性神经系统症状为先兆，表现为视觉、感觉、言语和运动缺损或刺激症状。最常见为视觉先兆，常为双眼同向症状，如视物模糊、暗点、闪光、亮点亮线或视物变形；其次为感觉先兆，感觉症状多呈面-手区域分布；运动先兆少见。先兆症状一般在 5～20 分钟内逐渐形成，持续不超过 60 分钟。头痛在先兆同时或先兆后 60 分钟内发生，表现为一侧或双侧额颞部眶后搏动性头痛，常伴有恶心、呕吐、畏光或畏声、苍白或出汗、多尿、易激惹、气味恐怖及疲劳感等，可见头面部水肿、颞动脉突出等。活动能使头痛加重，睡眠后可缓解头痛。头痛可持续 4～72 小时，消退后常有疲劳、倦怠、烦躁、无力和食欲差等，1～2 日后常可好转。

六、如何确诊患者有偏头痛？

根据偏头痛的发作类型、家族史和神经系统检查，通常可以作出偏头痛的临床诊断。脑部 CT、CTA、MRI、MRA 检查可以排除脑血管疾病、颅内动脉瘤和占位性病变等颅内器质性疾病。

七、预防偏头痛发作的药物有哪些？

对于发作频繁者可以选用下列药物预防性治疗，以停止发作或减轻头痛和延长间歇期。

1. 苯噻啶　从 0.5mg/天开始，逐渐加量至 2mg/天。

2. β-受体阻滞药　普萘洛尔，每次 10～40mg，2～4 次/天，口服。

3. 钙通道阻滞药　氟桂利嗪或尼莫地平，口服。

八、苯噻啶的作用和不良反应分别是什么？

苯噻啶为抗组胺药、镇痛药，主要用于治疗典型和非典型性偏头痛，能减轻症状及发作次数，疗效显著，但对偏头痛急性发作无即刻缓解作用。也可试用于红斑性肢痛症、血管神经性水肿、慢性荨麻疹以及房性和室性期前收缩等。

常见不良反应为嗜睡，故驾驶员、高空或危险作业者慎用。嗜睡一般常见于开始服药的 1～2 周内，继续服药后可逐渐减轻或消失。其他不良反应有头昏、口干等。可长期服用，但需要适当注意血象变化。

九、普萘洛尔的作用和不良反应分别是什么？

普萘洛尔为非选择性 β1 与 β2 肾上腺素受体阻滞药，使心率减慢，心肌收缩力减弱，心排血量减少。用于治疗多种原因所致的心律失常，如房性及室性期前收缩（效果较好）、窦性及室上性心动过速、心房颤动等，但室性心动过速宜慎用。锑剂中毒引起的心律失常，当其他药物无效时，可试用本品。此外，也可用于心绞痛、高血压、嗜铬细胞瘤（手术前准备）等。治疗心绞痛时，常与硝酸酯类合用，可提高疗效，并互相抵消不良反应。对高血压有一定疗效，不易引起体位性低血压为其特点。

常见的不良反应是窦性心动过缓、房室传导阻滞、低血压，可诱发及加重心力衰竭。

十、氟桂利嗪的作用和不良反应分别是什么？

氟桂利嗪（西比灵）是一种选择性钙离子拮抗药，对动脉有选择性作用，但不影响心率及血压，故对缺血性缺氧有保护作用，其安全性较桂利嗪高。氟桂利嗪可用于治疗多种神经系统疾病，对偏头痛的疗效优于苯噻啶，对眩晕症优于桂利嗪，对脑血管病则优于己酮可可碱。

常见的不良反应是抑郁症，有抑郁病史的女性患者尤易发生此种反应；锥体外系反应有运动徐缓、强直、静坐不能、口颌运动障碍、震颤等，老年人较易发生。

十一、尼莫地平的作用和不良反应分别是什么？

尼莫地平（尼莫同）为双氢吡啶类钙离子拮抗药，作用与硝苯地平相似，但其效力弱于硝苯地平。呈脂溶性，易通过血-脑脊液屏障，与中枢神经特异受体结合，扩张脑血管，增加脑血流量，并可拮抗 5-HT、花生四烯酸、血栓素 A2（TXA2）等所致的脑血管痉挛，有效防止或逆转蛛网膜下腔出血所引起的脑血管痉挛造成的脑组织缺血性损害。对外周血管作用较小，对缺血性脑损伤有保护作用，尤其对缺血性脑血管痉挛的作用更明显。尼莫地平在增加剂量后，可同时增加冠状动脉血流量，降低血压，但降压的同时不降低脑血流量。用于急性脑血管病恢复期的血液循环改善，各种原因的蛛网膜下腔出血后的脑血管痉挛，及其所致的缺血性神经障碍高血压、偏头痛等。

常见的不良反应是低血压，其发生与剂量相关，蛛网膜下腔出血患者使用尼莫地平，有 5%出现血压下降。其他心血管不良反应包括水肿、心悸、潮红、出汗和血压升高。

十二、偏头痛发作期的治疗方法有哪些？

治疗包括药物治疗和非药物治疗两个方面。非药物治疗主要是加强宣教，使患者了解偏头痛的发病机制和治疗措施，帮助患者确立科学、正确的防治观念和目标，保持健康的生活方式，寻找并避免各种偏头痛诱因。

临床治疗偏头痛时为了取得最佳疗效，通常应在症状起时立即服药。治疗药物包括非特异性止痛药如非甾体类消炎药和阿片类药物，特异性药物如麦角类制剂和曲普坦类药物。药物选择应根据头痛程度、伴随症状、既往用药情况等综合考虑，可采用阶梯法、分层选药，进行个体化治疗。

十三、如何判断药物治疗有效？

患者的临床表现是否缓解或消失，头痛发作减轻或终止，伴发症状缓解，头痛是否复发。

十四、偏头痛患者缓解头痛的方法有哪些？

1. 尽可能休息　找一个安静幽暗的房间躺下来睡一觉，但避免睡过多，以免睡醒后，反而出现头痛。小睡片刻或许可以消除头痛。

2. 冷敷与热敷　有些人喜欢在额头及颈部冷敷，这方法对许多人有效；而另一些人则偏好热敷颈部或洗热水澡。当头痛发作时你可以用热敷或冷敷袋覆盖额头，并按摩太阳穴血管以减轻头痛。

3. 按压穴位　穴位及脊柱按摩较常规药物治疗不良反应更少，且疗效持续时间更长。按压合谷穴和巨髎穴有助于缓解窦性头痛；头顶的百合穴对血管搏动性的头痛非常有效；对于偏头痛而言，按压悬颅穴（亦即俗称的太阳穴部位）最为有效。

4. 戴头带　在头上绑一绷带，可减少流向头皮的血液，因而减轻偏头痛。

5. 适量服用阿司匹林　对于 1 个月发生 1～2 次的头痛，阿司匹林或其他常见的消炎药可派上用场。但过度使用这类药物，将引起更多疼痛。同时，若决定使用阿司匹林治头痛，应在头痛一开始时，就立即服用，否则效果不佳。

十五、偏头痛患者的用药护理要点是什么？

每月头痛发作2～3次以上者应考虑长期预防性药物治疗。该类药物需每日服用，用药后至少2周才能见效。若有效，应持续服用6个月，随后逐渐减量到停药。

注意药物潜在的不良反应、特殊患者禁忌证、药物之间的相互作用，应认真观察并及时对症处理：

1. 普萘洛尔　为β-肾上腺素受体阻滞药。不良反应少，逐渐增量可减少恶心、共济失调及肢体痛性痉挛等不良反应。

2. 苯噻啶　5-HT拮抗药，也有抗组胺、抗胆碱能及抗缓激肽作用。不良反应有嗜睡和疲劳感，能增加食欲，长期服用会发胖。

3. 美西麦角　5-HT拮抗药，主要对5-HT2受体有拮抗作用。需从小剂量（0.5～1mg/日）开始服用，在1周内逐渐增加到1～2mg，每日2次。可引起恶心、呕吐、眩晕、嗜睡等不良反应，长期服用可出现腹膜后组织、肺-胸膜纤维化。连续服用6个月必须停服1个月。仅在病情最顽固的患者才考虑试用。

4. 钙通道阻滞药　尼莫地平和氟桂利嗪药物不良反应小，可出现头昏、头胀、恶心、呕吐、失眠或皮肤过敏等不适。

十六、偏头痛患者的心理护理要点是什么？

偏头痛虽然在症状上表现为躯体疾病，但发病和演变均与心理因素密切相关。因此，偏头痛患者必须要善于调节自己的情绪，尽量保持稳定、乐观的心理状态，遇事要沉着冷静，学会客观、理智地对待事情，不要过喜、过悲、过怒、过忧，如果确实有自己不能消化、解决的问题，也要学会控制情绪，进行自我调节。例如爬山、跑步、打球等，转移一下注意力，放松紧绷的神经，以减轻或消除不良的情绪对大脑神经的刺激，防止诱发偏头痛。

家人应为患者创造温馨的家庭环境，使患者保持心情愉快，正确接受和认识疾病，并多给予心理安慰，避免不良情绪刺激。

十七、如何避免偏头痛发作的诱因？

1. 环境方面　室内外的温度差比较大，可诱发偏头痛的发生，也有人会在闷热环境中出现偏头痛，应减少去高温、闷热或会诱发头痛发作的场所。

2. 生活习惯方面　如吸烟喝酒都会引起偏头痛的发生，应戒烟酒，减少不良生活习惯；勿擦香水，浓烈的香水会刺激神经，可能引发偏头痛；勿用力过猛，如性交可能会引发头痛，这是属于用力型的头痛。有偏头痛的人不仅是紧张性头痛的患者，更容易发生这种情形；保护眼睛，刺眼的光线，例如阳光、镁光灯、电视荧幕等，会产生眼睛疲劳，最后引发头痛。外出时，佩戴太阳眼镜。如果在电脑前工作，应经常休息。

3. 心理方面　不良情绪可以加重头痛，或是导致头痛发作频繁，因此，患者应该适当调整自己心态，保持好心情。培养幽默感，如果经常把事情看得很严重，可能会常扳脸皱眉，满脑门都是烦恼，这样往往会导致头痛。应学习放松自己，看淡周围事物。

4. 运动方面　适当的有规律运动是很重要的，如果有运动后发作或者加重，应减少运动量。

5. 饮食方面　一些偏头痛患者发作和饮食有关，如啤酒、熏肉、咸鱼肉、奶酪、巧克力、红酒等，还有部分患者的偏头痛和饮食过热过冷的食物有关。另外做到准时用餐、注意咖啡因的用量、少吃盐等。

十八、偏头痛患者的预后如何？

大多数偏头痛患者的预后良好。偏头痛可随年龄增长而症状逐渐缓解，部分患者可在60～70岁时偏头痛不再发作。

第九章 肌 肉 疾 病

一、什么是肌肉疾病?

肌肉疾病是指骨骼肌本身或神经肌肉接头间传递障碍所引起的疾病。临床表现主要为肌无力、肌张力低下或强直、肌萎缩或肥大、腱反射减弱或消失，不伴感觉障碍和肌束震颤。

二、什么是重症肌无力（MG）?

重症肌无力（myasthenia gravis，MG）是一种乙酰胆碱受体抗体介导的，细胞免疫依赖及补体参与的神经肌肉接头传递障碍的获得性自身免疫性疾病。临床特征为部分或全身骨骼肌无力和极易疲劳，活动后症状加重，经休息和胆碱酯酶抑制药治疗后症状减轻。发病率（8～20）/10 万，患病率约为 50/10 万，女性多于男性，各年龄组均可发病。

三、重症肌无力的病因有哪些?

重症肌无力的发病原因分两大类，一类是先天遗传性，极少见，与自身免疫无关；第二类是自身免疫性疾病，最常见。发病原因尚不明确，普遍认为与感染、药物、环境因素有关。同时重症肌无力患者中有 65%～80%有胸腺增生，10%～20%伴发胸腺瘤。

四、重症肌无力的发病情况有什么特点?

重症肌无力发病初期患者往往感到眼或肢体酸胀不适或视物模糊，容易疲劳，天气炎热或月经来潮时疲乏加重。随着病情发展，骨骼肌明显疲乏无力，显著特点是肌无力于下午或傍晚劳累后加重，晨起或休息后减轻，此种现象称之为“晨轻暮重”。

五、重症肌无力的起病形式和诱因有哪些?

重症肌无力在我国南方发病率较高，任何年龄均可发病，常见于 20～40 岁。起病隐袭，多数患者眼外肌最先受累，表现为眼睑下垂、斜视和复视，双侧常不对称，瞳孔括约肌一般不受累。发病诱因多为感染、精神创伤、过度疲劳、妊娠、分娩等，这些因素也可使病情加重甚至诱发重症肌无力危象。

六、重症肌无力的肌无力如何分布?

全身骨骼肌均可受累，但在发病早期可单独出现眼外肌无力、咽部肌肉无力或肢体肌无力。颅神经支配的肌肉较脊神经支配的肌肉更易受累。常从一组肌群无力开始，逐步累及到其他肌群，直到全身骨骼肌。部分患者在短期内同时出现全身肌肉无力现象。

七、重症肌无力的特点有哪些?

骨骼肌易疲劳或肌无力呈波动性。大多数表现为持续肌肉收缩后出现肌无力甚至瘫痪，休息后症状减轻或缓解。多数患者晨起肌力正常或肌无力症状减轻，而在下午或傍晚肌无力明显加重，即“晨轻暮重”现象。首发症状常为一侧或双侧眼外肌麻痹，如上眼睑下垂、斜视和复视。重者眼球运动明显受累，甚至眼球固定。若累及面部肌肉和口咽肌则出现表情淡漠、苦笑面容；连续咀嚼无力、进食时间长；说话带鼻音、饮水呛咳、吞咽困难。若胸锁乳突肌和斜方肌受累则颈软、抬头困难、转颈、耸肩无力。四肢肌肉受累以近端为重，表现为抬臂、梳头、上楼梯困难，腱反射通常不受影响，感觉正常。呼吸肌受累出现呼吸困难者为重症肌无力危象，是本病直接致死的原因。无论哪块肌肉受累或严重程度如何，首次采用抗胆碱酯酶药物治疗都有明显的效果，这是本病的特点。

八、重症肌无力的临床表现有哪些?

本病任何年龄均可发病。发病年龄有两个高峰：20～40 岁发病者女性多于男性；40～60 岁发病者以男性多见，多合并胸腺瘤。

主要临床特征为骨骼肌极易疲劳，肌肉连续收缩后出现严重无力甚至瘫痪，休息后症状减轻。肌无力于下午或傍晚因劳累加重，晨起或休息后减轻，活动后症状加重，休息和应用胆碱酯酶抑制剂治疗后症状明显减轻，为“晨轻暮重”现象。受累肌的分布和表现中首发症状常为一侧或双侧眼外肌麻痹，如上眼睑下垂、斜视和复视。

严重时出现重症肌无力危象，指呼吸肌受累时出现咳嗽无力甚至呼吸困难，需要呼吸机辅助通气，是致死的主要原因。

九、什么是重症肌无力危象?

这是一种神经科急诊疾病。重症肌无力患者病情加重，急骤发生呼吸肌无力，不能维持换气功能，称为重症肌无力危象。

十、重症肌无力危象包括哪些?

重症肌无力危象可分为以下 3 种：

1. 肌无力危象 为最常见的危象，由抗胆碱酯酶药物剂量不足所致，注射依酚氯铵（腾喜龙）后症状减轻有助于诊断。

2. 胆碱能危象 由抗胆碱酯酶药物过量所致，静脉注射腾喜龙无效或症状加重。

3. 反拗危象 由于患者对抗胆碱酯酶药物不敏感而出现严重的呼吸困难，腾喜龙试验无反应。

十一、重症肌无力的临床分型成年型分为哪 5 型?

成年型重症肌无力可分为以下 5 个类型：

1. Ⅰ型 单纯眼肌型（15%～20%）。病变始终仅限于眼外肌，表现为上眼睑下垂和复视。

2. Ⅱa 型 轻度全身型（30%）。病情进展缓慢，且较轻，无危象出现，药物治疗有效。

3. Ⅱb 型 中度全身型（25%）。严重肌无力伴延髓肌受累，但无危象出现，药物治疗欠佳。

4. Ⅲ型 急性进展型（15%）。发病急，常在首次症状出现数周内发展至延髓肌、肢带肌、躯干肌和呼吸肌，伴重症肌无力危象，需做气管切开，病死率高。

5. Ⅳ型 晚发全身肌无力型（10%）。由上述Ⅰ、Ⅱa、Ⅱb 型发展而来，症状同Ⅲ型，常合并胸腺瘤，病死率高。

十二、重症肌无力患者需要做哪些化验或检查?

1. 疲劳试验 依据有受累肌肉重复活动后症状明显加重，休息后又恢复正常者为阳性。常嘱患者用力眨眼 30 次后眼裂明显变小，两臂持续平举后出现上臂下垂，起蹲 10～20 次后不能在继续，以上情况经休息后恢复则为阳性。

2. 新斯的明试验 肌内注射新斯的明，20 分钟症状明显减轻者为阳性，可持续 2 小时左右。

3. 乙酰胆碱受体抗体测定 80%以上病例乙酰胆碱受体抗体增高。

十三、什么是新斯的明试验?

肌内注射甲基硫酸新斯的明 0.5～1mg，20 分钟后肌无力症状明显减轻者则为阳性。可同时注射阿托品 0.5mg 以对抗新斯的明的毒蕈碱样反应（瞳孔缩小、心动过缓、多汗、腹痛、腹泻和呕吐等）。

十四、重症肌无力的治疗方法有哪些?

1. 药物治疗 常用药物如下：

（1）胆碱酯酶抑制剂：溴吡斯的明；

（2）肾上腺皮质激素：泼尼松；

（3）免疫抑制剂：环磷酰胺，硫唑嘌呤，环孢素 A。

2. 血浆置换 大剂量静脉注射免疫球蛋白。

3. 胸腺治疗 胸腺切除，胸腺放射治疗。

4. 危象处理 包括肌无力危象，胆碱能危象，反拗危象。

十五、溴吡斯的明的作用和不良反应分别是什么？

为抗胆碱酯酶药，作用类似新斯的明，特点是起效慢、维持时间久。口服后不易从胃肠道吸收，原形药物或代谢产物经肾排泄。用于治疗重症肌无力，术后腹胀气或尿潴留，对抗非去极化型肌松药的肌松作用。

常见的不良反应有腹泻、恶心、呕吐、胃痉挛、汗及唾液增多等。较少见的有尿频、缩瞳等。接受大剂量治疗的重症肌无力患者，常出现精神异常。

十六、甲泼尼龙的作用和不良反应分别是什么？

甲泼尼龙为中效糖皮质激素，作用与泼尼松龙相同，其消炎作用为后者的 3 倍，糖代谢作用较氢化可的松强 10 倍，而水、钠潴留作用较弱，无排钾的不良反应。甲基泼尼松龙琥珀酸酯钠为水溶性泼尼松龙衍生物，在体内转化为甲基泼尼松龙，可以注射，具有速效作用，维持时间中等，是治疗炎症和变态反应的优选药。其琥珀酸钠为水溶性，可肌内注射或静脉滴注用于危重疾病的急救，还可用于内分泌失调、风湿性疾病、结缔组织病、皮肤疾病、变态反应、眼科疾病、胃肠道疾病、血液疾病、白血病、休克、脑水肿、多发性神经炎、脊髓炎及防止癌症化疗引起的呕吐等。

糖皮质激素在应用生理剂量替代治疗时无明显不良反应，不良反应多发生在应用药理剂量时，而且与疗程、剂量、用药种类、用法及给药途径等有密切关系。静脉迅速给予大剂量可能发生全身性的变态反应，包括面部、鼻黏膜、眼睑肿胀，荨麻疹，气短，胸闷，喘鸣等。

十七、地塞米松的作用和不良反应分别是什么？

地塞米松注射液是肾上腺皮质激素类药，具有消炎、抗过敏、抗休克的作用，临床上主要用于过敏性及自身免疫性疾病。如类风湿性关节炎、支气管哮喘、皮炎等过敏性疾病。其消炎、抗过敏、抗休克作用比泼尼松更显著，而对水钠潴留和促进排钾作用很轻，对垂体-肾上腺抑制作用较强。

不良反应是较大剂量易引起糖尿病、消化道溃疡和类库欣综合征症状等。

十八、泼尼松的作用和不良反应分别是什么？

泼尼松具有消炎及抗过敏作用，能抑制结缔组织增生，降低毛细血管壁和细胞膜通透性，减少炎性渗出，并能抑制组胺及其他毒性物质的形成与释放。泼尼松还能促进蛋白质分解转变为糖，减少葡萄糖的利用，因而使血糖原和肝糖原都增加，可出现糖尿，同时增加胃液分泌，增进食欲。当严重中毒性感染时，与大量抗菌药物联合使用，可有良好的降温、抗毒、消炎、抗休克及促进症状缓解作用。其水钠潴留及排钾作用比可的松小，消炎及抗过敏作用较强，不良反应较少。不宜用于肝功能不全的患者。

不良反应是大剂量长期使用可致肥胖、多毛症、水肿、血糖、血压及眼压升高。水钠潴留，可引起低血钾、骨质疏松、病理性骨折、痤疮、胃肠溃疡、出血、穿孔等。

十九、环磷酰胺的作用和不良反应分别是什么？

环磷酰胺为最常用的烷化剂类抗肿瘤药，进入体内后，在肝微粒体酶催化下分解释出烷化作用很强的氯乙基磷酰胺（或称磷酰胺氮芥），而对肿瘤细胞产生细胞毒作用，此外还具有显著的免疫抑制作用。

临床用于恶性淋巴瘤、多发性骨髓瘤、白血病、乳腺癌、卵巢癌、宫颈癌、前列腺癌、结肠癌、支气管癌、肺癌等，有一定疗效。也可用于类风湿关节炎、儿童肾病综合征以及自身免疫疾病的治疗。

不良反应中，骨髓抑制为最常见的毒性，白细胞往往在给药后 10～14 天最低，多在第 21 天恢复正常，血小板减少比其他烷化剂少见。此外，还有恶心、呕吐等不良反应，严重程度与剂量有关。

二十、硫唑嘌呤的作用和不良反应分别是什么?

硫唑嘌呤是嘌呤类似物的免疫抑制剂，是 6-巯基嘌呤的咪唑衍生物，为具有免疫抑制作用的抗代谢剂。可产生烷基化作用阻断巯基组群，抑制核酸的生物合成，防止细胞增生，并可引起 DNA 损害。用于预防器官移植排斥，还有一系列自体免疫性疾病，包括类风湿性关节炎、天疱疮、炎性肠病、多发性硬化症、自体免疫性肝炎、过敏性皮肤炎、重症肌无力和其他相关疾病等。

常见的不良反应是变态反应，如全身不适、头晕、恶心、呕吐、腹泻、发热、寒战、肌痛、关节痛、肝功能异常和低血压等，停药和给予支持疗法可使大部分不良反应缓解。

二十一、环孢素 A 的作用和不良反应分别是什么?

环孢素 A 属于强效免疫抑制剂，主要用于肝、肾以及心脏移植的抗排斥反应，也可与肾上腺皮质激素同用，治疗一些免疫性疾病。

常见的不良反应有厌食、恶心、呕吐等胃肠道反应，牙龈增生伴出血、疼痛。约 1/3 用药者有肾毒性，可出现血清肌酐、尿素氮增高、肾小球滤过率减低等肾功能损害以及高血压等。

二十二、什么是免疫球蛋白?

免疫系统由免疫组织、器官、免疫细胞及免疫活性分子等组成。免疫球蛋白（immunoglobulin，Ig）是免疫活性分子中的一类，是具有抗体（antibody，Ab）活性或化学结构与抗体分子相似的球蛋白。分为五类，即免疫球蛋白 G（IgG）、免疫球蛋白 A（IgA）、免疫球蛋白 M（IgM）、免疫球蛋白 D（IgD）和免疫球蛋白 E（IgE）。

二十三、静脉输注丙种球蛋白的误区有哪些?

1. 丙种球蛋白注入人体后产生的免疫力是被动给予的，不是自身主动产生的，一般 2 周就被排泄，之后体内丙种球蛋白的含量又恢复到原来水平，要长期保持体内所含丙种球蛋白的高水平，就必须每隔 2 周注射 1 次。

2. 应用丙种球蛋白有一定的适应证，因为该药随所含抗体量的不同而预防效果各异。人血丙种球蛋白主要用于预防麻疹、甲肝、流行性腮腺炎等，想用丙种球蛋白来预防各种疾病是不可能的。

3. 如果反复注射丙种球蛋白，因其本身可作为抗原，刺激人体产生一种对抗丙种球蛋白的抗体，即抗抗体，一旦再注射丙种球蛋白，就会被抗体中和，不能发挥其抗病作用。

4. 人体自身能够合成丙种球蛋白，如经常使用外来药品，就会抑制自身抗体的产生，从而降低机体抗病能力。

5. 由于丙种球蛋白是血液制品，万一在来源上把关不严，反而造成血源污染，使健康人体传染上疾病，况且对人体来说，外来的丙种球蛋白毕竟是“异物”，个别人注射后可能会引起变态反应。

因此，把丙种球蛋白作为强化剂或补药来使用是没有科学根据的，想通过反复注射该药来长期预防疾病、增强体质也是不可能的。

二十四、如何应用抗胆碱酯酶药物治疗重症肌无力?

胆碱酯酶抑制药主要是通过抑制胆碱酯酶，减少乙酰胆碱的水解，改善神经-肌肉接头间的传递，增加肌力。应从小剂量开始，逐步增加，以维持日常起居为宜。

溴吡斯的明为胆碱酯酶抑制药，成人每次口服 60～120mg，3～4 次/日。应在饭前 30～40 分钟服用，口服 2 小时达高峰，作用时间为 6～8 小时。作用温和、平稳，不良反应比较小。

二十五、如何应用糖皮质激素药物治疗重症肌无力?

糖皮质激素可抑制自身免疫反应，减少乙酰胆碱受体抗体的生成及促使运动终板再生和修复，改善神经-肌肉接头的传递功能。适用于各类型的重症肌无力。

冲击疗法：适用于住院危重病例、已用气管插管或呼吸机者。方法为甲泼尼龙 1000mg 静脉滴注，1 次/日，连用 3～5 天，随后地塞米松 10～20mg 静脉滴注，1 次/日，连用 7～10 天，临床症状稳定改善后，停用地塞米松，改为泼尼松 60～100mg 隔日顿服，当症状基本消失后，逐渐减量至 5～15mg 长期维持，至少 1 年以上。

二十六、如何应用免疫抑制剂治疗重症肌无力?

适用于对肾上腺糖皮质激素疗效不佳或不能耐受，或因有高血压、糖尿病、溃疡病而不能用肾上腺糖皮质激素者。应注意药物不良反应如周围血白细胞、血小板减少，脱发，胃肠道反应，出血性膀胱炎，肝、肾功能受损等。

1. 环磷酰胺 成人口服每次 50mg，2～3 次/日，或 200mg，每周 2～3 次静脉注射。儿童口服 3～5mg/（kg · d）。

2. 硫唑嘌呤 口服每次 25～100mg，用于类固醇激素治疗不佳者。

3. 环孢素 A 对细胞免疫和体液免疫均有抑制作用，减少乙酰胆碱受体抗体的生成。口服 6mg/（kg · d），疗程 12 个月。不良反应有肾小球局部缺血坏死、恶心、心悸等。

二十七、胸腺摘除和放射治疗的要点是什么?

1. 胸腺切除 可去除患者自身免疫反应的始动抗原，减少参与自体免疫反应的 T 细胞、B 细胞和细胞因子。适用于伴有胸腺肥大和高乙酰胆碱受体抗体效价者，伴胸腺瘤的各型重症肌无力患者，年轻女性全身型重症肌无力患者，对抗胆碱酯酶药治疗反应不满意者。约 70%的患者术后症状缓解或治愈。

2. 胸腺放射治疗 对不适应做胸腺切除者可行胸腺深部放射治疗。

二十八、血浆置换的治疗要点是什么?

通过正常人血浆或血浆代用品置换患者血浆，能清除重症肌无力患者血浆中的乙酰胆碱受体抗体、补体及免疫复合物。每次可交换血浆 2000ml 左右，每周 1～3 次，连用 3～8 次。起效快，但疗效持续时间短，仅维持 1 周～2 月，常随抗体水平增高而症状复发且不良反应比较大，仅适用于危象和难治性重症肌无力。

二十九、重症肌无力危象的处理原则是什么?

处理原则为尽快改善呼吸功能。一旦发生严重的呼吸困难，应立刻行气管插管或气管切开，机械辅助通气。加强呼吸管理是挽救重症肌无力危象患者生命的关键环节。

肌无力危象时，应即刻肌内注射硫酸新斯的明，可迅速缓解症状。胆碱能危象应及时停用所有胆碱酯酶抑制药。

不论何种危象，均应注意确保呼吸道通畅，当经早期处理病情无好转时，应立即进行气管插管或气管切开，应用人工呼吸器辅助呼吸；停用抗胆碱酯酶药物以减少气管内的分泌物；选用有效、足量和对神经-肌肉接头无阻滞作用的抗生素积极控制肺部感染；给予静脉药物治疗如皮质类固醇激素或大剂量丙种球蛋白；必要时采用血浆置换。

三十、重症肌无力患者的生活护理要点是什么?

1. 指导患者充分休息，避免疲劳。

2. 评估患者日常生活活动能力，肌无力症状明显时，应协助做好洗漱、进食、穿衣、个人卫生等生活护理，保持口腔清洁，防止外伤和皮肤并发症。

3. 平时活动宜选择清晨、休息后或肌无力症状较轻时进行，且应自我调节活动量，以省力和不感到疲劳为原则；建立健康的生活方式，生活有规律；根据季节、气候增减衣服；尽量少去公共场所，预防受凉、呼吸道感染。

三十一、重症肌无力患者的饮食护理要点是什么?

1. 指导患者进食高蛋白、高维生素、高热量、富含钾、钙的软食或半流食，避免干硬或粗糙食物。

2. 进食时尽量取坐位，进餐前充分休息或在服药后 15～30 分钟产生药效时进餐；用餐过程中因咀嚼肌无力，患者往往会感到疲劳，很难连续咀嚼，应指导患者适当休息后再继续进食。

3. 给患者创造安静就餐环境，减少环境中影响患者进食的不利因素，如交谈、电视声响等；鼓励患者少量慢咽，给患者充足的进食时间，不要催促和打扰患者进食；咽喉、软腭和舌部肌群受累出现饮水呛咳、吞咽困难时，不能强行服药和进食，以免导致窒息或吸入性肺炎，应尽早留置胃管。

三十二、重症肌无力患者的用药护理要点是什么?

1. 抗胆碱酯酶药物 从小剂量开始治疗，逐步加量，以能维持日常起居为宜，有咀嚼和吞咽无力者应在餐前 30min 口服；有感染或患者处于月经前和应激状况时，常需增加给药剂量；如出现恶心、呕吐、腹痛、腹泻、出汗、流涎等症状时，可能为胆碱能危象（毒蕈碱样反应），应立即告诉医师停用抗胆碱酯酶药或用阿托品对抗；若出现气促、发绀、咳嗽无力、吞咽困难等症状时，可能发生肌无力危象，要迅速报告医师加大抗胆碱酯酶药量，并配合抢救。

2. 肾上腺皮质激素 可通过抑制免疫系统而起作用，在大剂量冲击治疗初期，可使病情加重，甚至发生危象，应严密观察呼吸变化；长期服药者，要注意有无消化道出血、血糖升高、骨质疏松、股骨头坏死等并发症；注意补钙、补钾，必要时服用制酸药，保护胃黏膜；还应注意避免激素减量过快导致反跳现象。

3. 使用免疫抑制药 如硫唑嘌呤等，应定时检查血象，并注意观察有无胃肠道反应、肝肾功能受损等不良反应。

4. 禁用和慎用的药物 各种氨基糖苷类抗生素（庆大霉素、链霉素、卡那霉素、阿米卡星、新霉素、巴龙霉素等）、多粘菌素等可加重神经-肌肉接头传递障碍；奎宁、奎尼丁等药物可降低肌膜兴奋性；普鲁卡因胺、普萘洛尔、氯丙嗪、吗啡、西地泮、苯巴比妥等，也应慎用或禁用，以免加重病情。

三十三、如何与重症肌无力患者进行有效沟通?

若病情进行性发展累及面部肌肉和口咽肌则出现表情淡漠、苦笑面容；连续咀嚼无力、进食时间长，说话带鼻音、构音不清、饮水呛咳、吞咽困难，与患者交流时耐心倾听，不催促打断患者的表述。

为构音障碍的患者准备纸、笔、画板等交流工具，指导患者采用文字形式和肢体语言表达自己的需求。

三十四、如何做好重症肌无力患者的病情监测?

密切观察病情，注意呼吸频率与节律改变，观察有无呼吸困难加重、发绀、咳嗽无力、腹痛、瞳孔变化、出汗、唾液或喉头分泌物增多等现象；避免感染、外伤、疲劳和过度紧张等诱发肌无力危象的因素。

三十五、重症肌无力危象风险的护理要点是什么?

1. 保持呼吸道通畅，鼓励患者咳嗽和深呼吸，抬高床头，给予氧气吸入，及时吸痰，清除口鼻分泌物，防止误吸和窒息。病重患者应在床旁备好新斯的明、吸引器、气管切开包、气管插管和呼吸机等抢救药品和设备，必要时配合行气管插管、气管切开和人工辅助呼吸。

2. 密切观察病情，注意呼吸频率与节律改变，观察有无呼吸困难加重、发绀、咳嗽无力、腹痛、瞳孔变化、出汗、唾液或喉头分泌物增多等现象；避免感染、外伤、疲劳和过度紧张等诱发肌无力危象的因素。

3. 本病病程长，常需长期服药治疗，告知患者常用药物的服用方法、不良反应与服药注意事项，避免因服药不当而诱发肌无力危象和胆碱能危象。

三十六、重症肌无力患者出院指导有哪些？

1. 帮助患者正确认识疾病 告知患者良好的信赖状态和乐观的情绪对疾病治疗的重要性。告知家属要理解和关心患者，鼓励其表达内心感受，给予精神支持和生活照顾，帮助患者树立战胜疾病的信心，减轻心理负担。

2. 指导患者遵医嘱正确服药 告知所有药物的名称、剂量、常见不良反应等，掌握抗胆碱酯酶药物在注射后 15 分钟进食、口服者在餐前 30 分钟服药的原则，避免漏服、自行服药和更改药量；避免使用影响神经-肌肉接头传递的药物及肌肉松弛药。

3. 告知患者和家属 避免感染、外伤、疲劳和过度紧张、精神创伤、手术等诱发和加重疾病的相关因素；育龄妇女应避免妊娠、人工流产等。

4. 及时就诊 出现感染症状或病情加重时及时就诊。

三十七、重症肌无力患者的预后如何？

不论何种类型的重症肌无力，除了儿童可有自行缓解外，一般可将临床过程分为波动期、稳定期和慢性期。

波动期为发病后 5 年内，特别是 1～2 年时，病情有较大波动，易发生肌无力危象，常死于呼吸系统并发症，预后较差。

病程在 5 年以后为稳定期，病程在 10 年以上为慢性期，这两期患者极少发生危象，预后一般比较好。

第十章　神经系统常用诊疗技术

第一节　影像学检查

一、什么是电子计算机断层扫描（CT）？

CT是利用精确准直的X射线束与灵敏度极高的探测器一同围绕人体的某一部位做一个接一个的断面扫描，具有扫描时间快、图像清晰等特点，可用于多种疾病的检查。扫描所得信息经计算而获得每个体素的 X 射线衰减系数或吸收系数，再排列成矩阵，即数字矩阵。数字矩阵中的每个数字转为由黑到白不等灰度的小方块，即像素，并按矩阵排列，即构成 CT 图像。所以，CT 图像是重建图像。

CT 的工作程序是这样的：它根据人体不同组织对 X 射线的吸收与透过率不同，应用灵敏度极高的仪器对人体进行测量，然后将测量所获取的数据输入电子计算机，电子计算机对数据进行处理后，就可摄下人体被检查部位的断面或立体的图像，发现体内任何部位的细小病变。

二、临床常见的 CT 扫描技术有哪些？

1. 一般扫描（常规扫描）　指按照检查部位、范围进行一层一层扫描。扫描一层后，检查床带动患者移动一定距离，行下一层扫描，周而复始，又称间断扫描。

2. 定位扫描　患者随定位床按预先设计的范围移动一定距离，X 射线球管在患者移动同时进行曝光，获得一幅欲检查部位的平面像（正位或侧位）。在放疗计划中，可用来证实各层面与患者体表上特殊标记间的关系。

3. 快速连续扫描　预先设计了扫描的起始位置和终止位置，以及预设好层厚、层距和其他一切必要的扫描条件。输入一次扫描指令后，整个区域的扫描过程会自动逐层进行，在扫描结束后，再逐层进行图像重建与显示。此方法用于危重或不配合的患者，以缩短检查时间。对于增强扫描，需在一定时间内完成整个检查，快速连续扫描是十分重要的。

4. 动态扫描　系指增强后，为及时得到造影剂在血管或组织中浓度变化而进行的快速连续扫描的一种方式。

5. 目标扫描　其功能是仅对感兴趣的层面实施扫描，而对其他感兴趣区以外的层面，则采取较大的层厚、层距，或间隔扫描。这样不但可减少患者的 X 射线摄入量，而且可提高感兴趣区的空间分辨率。

6. 薄层或超薄层扫描　扫描的层厚及层间距选择在 3～5mm 范围内的扫描称薄层扫描，3mm 以下的扫描称超薄层扫描。薄层及超薄层扫描常常与高分辨率扫描配合应用。

三、哪些神经系统疾病可行 CT 扫描？

可行 CT 扫描的神经系统疾病主要包括：①颅脑外伤；②脑肿瘤；③脑血管性病变；④颅内炎症；⑤先天性畸形及新生儿疾病；⑥脑实质变性及脑萎缩。

四、颅脑 CT 检查有什么意义？

CT 的密度分辨力高，能显示常规 X 射线检查无法显示的器官及其病变，检查方便，成像速度快，对颅脑疾病具有很高的诊断价值。

1. 颅脑外伤　主要表现为脑出血、脑挫伤及脑水肿、脑肿胀，CT 不仅能清楚显示这些病理改变，而且可以定位、定量和评价病情严重程度。对颅骨骨折用 X 线平片虽多能诊断，但 X 线平片不易显示颅底骨折及骨折并发的颅内血肿。CT 不仅可显示平片容易见到的骨折，而且还能显示 X 线不易显示的颅底骨折及骨折并发的颅内血肿，是颅脑外伤的最佳检查技术。

2. 脑肿瘤 CT能显示密度不同的肿瘤，肿瘤一般在1cm以上即可显示。高分辨扫描还能分辨某些大小仅数毫米的肿瘤。CT显示钙化极为敏感，肿瘤的不同成分又有密度的特点，增强扫描还能反映肿瘤供血特点及血-脑脊液屏障是否完整。因此，CT不仅可确定有无脑肿瘤，还能对脑肿瘤进行定性诊断，准确率为70%～90%，是目前脑肿瘤检查的基本技术。

3. 脑血管疾病 CT显示脑出血呈高密度、脑梗死呈低密度，诊断准确率高而且快，是脑血管疾病首选检查技术。CT平扫和增强扫描可显示脑动脉瘤和脑血管畸形，特别是能清楚显示其并发症，如出血、梗死等。直径1cm以上的动脉瘤在CT血管造影（CT angiography，CTA）上能清楚显示。

4. 颅内感染性疾病 CT可对脑脓肿进行早期诊断和准确定位，能显示结核性、病毒性、真菌性感染及脑寄生虫病的各种病变。由于显示钙化敏感，对非活动期脑囊虫病的诊断有很高价值。

5. 颅脑先天性畸形、脱髓鞘病及变性脑病 CT能显示各种病变，特别是对结节硬化等含有钙化病变的显示有独特价值。但其他的病变，CT只能提供部分信息，如多发性硬化，CT仅能显示1/3患者的病变，而MRI检出病变的敏感性明显高于CT，准确率几乎可达100%。

五、什么是磁共振成像（MRI）？

是将人体受检器官置于磁场中，某些质子的原子核（如氢原子核）处于匀磁场内，用特定的无线电波使之激发，产生共振，同时将能量释放出来，成为射电信号（这种现象就称为磁共振），再由计算机将这些信号转换成图像，称为MRI。

六、临床常见的MRI技术有哪些？

1. MRI及增强扫描 MRI能显示人体任意断面的解剖结构，对软组织的分辨率高，可清楚显示脊髓、脑干和后颅窝等病变，而且MRI没有电离辐射，对人体无放射性伤害，但是检查时间比较长，并且体内有金属的患者不能接受MRI检查。增强扫描是指静脉注入造影剂后再行磁共振扫描，可增加对肿瘤及炎症等病变的敏感性。

2. MRA 是MRI的另一新技术，可显示成像内的所有血管。MRA的优点是不需穿刺血管和注入造影剂，有很好的应用前景。临床上主要用于颅内血管狭窄、闭塞、颅内动脉瘤、脑血管畸形等的诊断。

七、哪些神经系统疾病可行MRI检查？

MRI图像与CT图像非常相似，二者都是数字图像，并以不同灰度显示不同结构的解剖和病理断面图像。与CT一样，MRI也几乎适用于神经系统的不同疾病，如：

1. 先天性颅脑发育异常，包括器官源性畸形和组织源性畸形，MRI可确诊；
2. 脑积水；
3. 脑萎缩；
4. 脑卒中，脑梗死和脑出血等；
5. 脑血管瘤或脑血管畸形，MRA技术通过血管成像可显示脑血管瘤或脑血管畸形；
6. 颅内肿瘤和囊肿；
7. 颅脑外伤；
8. 颅内感染和其他炎性病变；
9. 脑白质病。

八、MRI检查有什么意义？

1. 脑梗死 不同时期信号有所变化。发病12小时内，T1WI和T2WI信号变化不明显，DWI可出现高信号；发病后12～24小时，梗死灶呈等T1或稍长T1、长T2信号，DWI可高信号；发病后1～3天，梗死灶呈长T1、长T2信号，DWI高信号；发病后4～7天，水肿及占位效应明显，梗死灶呈显著长T1、长T2信号，DWI信号开始降低；发病后1～2周，水肿及占位效应逐渐消退，梗死灶呈长 T1 信号、T2 信号继续延长，DWI 信号继续降低，T2WI 信号强于 DWI 信号。

2. 脑出血 出血后 7 天内，MRI 诊断准确性不及 CT。

3. 脑肿瘤 MRI 在发现低分化、比较小的肿瘤及转移瘤方面优于 CT。增强扫描有助于肿瘤诊断，特别对软脑膜、硬脑膜和脊髓膜转移瘤的诊断有很大帮助。

4. 颅内动脉瘤和血管畸形 MRI 可显示血管畸形的部位和大小，可发现中等大小以上的动脉瘤，但小于 1cm 的动脉瘤易漏诊。

5. 脑白质病变和脱髓鞘疾病 MRI 在观察白质结构方面很敏感，如脑白质营养不良和多发性硬化。

6. 颅内感染 MRI 诊断单纯疱疹脑炎非常敏感。

7. 神经系统变性疾病 MRI 在诊断痴呆时比 CT 有优越性。

8. 椎管和脊髓病变 MRI 是目前检查椎管和脊髓病变的最佳手段，对椎管狭窄、椎管内肿瘤、炎症以及脊髓空洞症等疾病有重要的诊断价值。

9. 神经系统发育异常疾病 可清楚地显示小脑扁桃体下疝、脊髓空洞症、脑积水等先天性疾病。

九、MRI 检查需要注意什么？

1. 由于磁共振检查室内存在非常强大的磁场，装有心脏起搏器者，以及血管手术后留有金属夹、金属支架者，或其他如冠状动脉、食管、前列腺、胆道进行金属支架手术者，绝对严禁作磁共振检查，否则，由于金属受强大磁场的吸引而移动，将可能产生严重后果以致生命危险。一般在医院磁共振检查室门外，都有红色或黄色的醒目标志注明绝对严禁行磁共振检查的情况。

2. 身体内有不能除去的其他金属异物，如金属内固定物、人工关节、金属义齿、支架、银夹、弹片等金属存留者，为检查的相对禁忌。必须检查时，应严密观察，以防检查中金属在强大磁场中移动而损伤邻近大血管和重要组织，产生严重后果。如无特殊必要，一般不要接受磁共振检查。有金属避孕环及活动的金属义齿者一定要取出后再进行检查。有时，遗留在体内的金属铁离子可能影响图像质量，甚至影响正确诊断。

3. 在进入磁共振检查室之前，应去除身上带的手机、呼机、磁卡、手表、硬币、钥匙、打火机、金属皮带、金属项链、金属耳环、金属纽扣及其他金属饰品或金属物品。否则，检查时可能影响磁场均匀性，造成图像的干扰，形成伪影，不利于病灶显示；而且由于强磁场的作用，金属物品可能被吸进磁共振机，从而对非常昂贵的磁共振机造成破坏；另外，手机、磁卡、手表等物品也可能会遭到强磁场破坏，而造成个人财物不必要的损失。

4. 近年来，随着科技进步与发展，许多骨科内固定物，特别是脊柱的内固定物，开始用钛合金或钛金属制成，由于钛金属不受磁场的吸引，在磁场中不会移动，因此体内有钛金属内固定物的患者，进行 MRI 检查时是安全的；而且钛金属也不会对磁共振图像产生干扰。这对于患有脊柱疾病并且需要接受脊柱内固定手术的患者是非常有价值的。但是钛合金和钛金属制成的内固定物价格昂贵，在一定程度上影响了它的推广应用。

5. 此外 MRI 扫描所需的时间较长，因而对一些不配合的患者的检查常感困难，这也是它的主要不足之一。

第二节 神经电生理检查

一、什么是脑电图（EEG）？

EEG 是经过精密的电子仪器，从头皮上将脑部的自发性生物电位加以放大记录而获得的图形，是通过电极记录下来的脑细胞群的自发性、节律性电活动。有常规 EEG、动态 EEG 监测、视频 EEG 监测。

二、哪些神经系统疾病可行 EEG 检查？

1. 精神性疾病 为了确诊精神分裂症、躁狂抑郁症、精神异常等，可做 EEG 检查，排除包括癫痫在内的脑部其他疾患。

2. 癫痫 由于癫痫在发作时 EEG 可以准确地记录出散在性慢波、棘波或不规则棘波，因此对于诊断癫痫，EEG 检查十分准确。

3. 脑内的一些实质性病变 一些脑肿瘤、脑转移癌、脑内血肿等，往往引起不同程度的 EEG 变化。这些 EEG 变化，根据病变的部位、性质、阶段和损害情况，可出现病灶性慢波，这种病灶性慢波，可以确诊脑内的病变。

三、EEG 检查有什么意义？

EEG 检查是一种对大脑功能变化进行检查的有效方法，由于大脑功能的变化是动态的、多变的，因此对一些临床有大脑功能障碍表现的病人在做一次 EEG 检查没有发现异常时，不能完全排除大脑疾病的存在，而应定期进行 EEG 复查，才能准确地发现疾病。

EEG 检查主要用于癫痫的诊断、分类和病灶的定位，对区别脑部器质性或功能性病变和弥漫性或局限性损害以及脑炎、中毒性和代谢性等各种原因引起的脑病等的诊断均有辅助诊断价值。

四、EEG 检查需要注意什么？

1. 头一天晚上将头洗干净，不要使用任何护发美发用品，如护发素、啫喱水等。

2. 检查前三天停用各种神经兴奋药和镇静药，以避免检查时形成假象，影响检查结果的判断；如癫痫患者停药有困难时，要向检查人员说明服用的药名、剂量，以便检查人员参考。

3. 检查前避免过饥，以免低血糖影响检查结果。

4. 精神异常或不合作者，应做睡眠 EEG，建议自然睡眠，一般不用镇静药，需晚睡早起（晚上十一点后睡觉、早上五点之前起床），以备检查时入睡。

5. 检查时安静合作，关闭手机、传呼器等通讯设备，按医师要求，睁眼、闭目或过度呼吸。

6. 检查时头皮上要安放接收电极，不要紧张，以免脑电波受到干扰。

7. 检查当天如有发热，不宜进行检查。

8. 检查时勿接触仪器设备及拉扯导联线。

五、什么是肌电图（EMG）？

EMG 是指用表面电极（贴电极片）或同芯圆针电极（扎针）记录神经和肌肉的电信号，来反映被检查者神经和肌肉功能的一系列检查技术的总称，包含神经传导速度（nerve conduction velocity，NCV）、针极肌电图（needle EMG）、重复神经电刺激（repetitive nerve stimulation，RNS）、单纤维 EMG、肛门括约肌 EMG、F 波反射、H 反射、瞬目反射、皮肤交感反应（sympathetic skin response，SSR）等。

六、哪些神经系统疾病可行 EMG 检查？

EMG 适用于所有下运动神经元疾病的定位诊断，包括：

1. 脊髓前角病变 如运动神经元病、脊髓灰质炎后遗症、肯尼迪病、平山病等；

2. 神经根病变 如颈椎病、腰椎病、脊髓神经根病等；

3. 神经丛病变 如臂丛神经病、腰骶丛神经病等；

4. 周围神经病 如急、慢性吉兰-巴雷综合征（Guillain-Barré syndrome，GBS）、遗传性运动感觉性周围神经病（Charcot-Marie-Tooth，CMT）、糖尿病周围神经病、亚急性联合变性、中毒性周围神经病等；

5. 单神经病 如腕管综合征、肘管综合征、桡神经损伤、坐骨神经损伤、腓总神经损伤、胫神经损伤、多发性单神经病等；

6. 神经肌肉接头疾病 如重症肌无力、肌无力综合征、肉毒素中毒等；

7. 肌肉疾病　如各种类型的肌炎、肌病、肌营养不良、肌强直、周期性瘫痪等。

七、EMG检查有什么意义?

EMG是神经系统体格检查的延续，可以帮助医师进一步做好定位诊断，明确病变累积的部位及范围，同时也能帮助明确神经受损害的纤维成分（是感觉神经、运动神经还是自主神经受累），帮助判断神经受损害的病理类型（是轴索损害还是脱髓鞘损害）。

八、EMG检查需要注意什么?

患者行EMG检查前、检查中及检查后需要注意以下几点:

1. EMG检查可引起轻微疼痛等不适，尤其是针极肌电图比较明显，患者需提前做好心理准备;

2. 肢体远端（手、足）注意保温，低温可能导致神经传导速度减慢;

3. 告知检查医师是否服用抗血小板或抗凝药物，是否有出血倾向，以决定能否扎针;

4. 检查过程中需要尽力配合检查医师，配合不佳者可能影响检查结果的准确性;

5. 检查后扎针部位当天不要碰脏水，不要洗澡;

6. 检查比较常见的不良反应是晕针、局部出血、疼痛，少见不良反应是断针、局部感染，总体来说是非常安全的。

九、什么是经颅多普勒超声（TCD）检查?

TCD是应用和B超一样的物理原理为基础，以发生声波的装置为能源的一种多普勒检查方法。

十、哪些神经系统疾病可行TCD检查?

TCD主要应用于以下领域:

1. 脑供血动脉狭窄或闭塞及侧支循环建立的检测;

2. 颅内压增高和脑死亡的检测，脑血流自动调节功能的检测;

3. 在颈动脉内膜剥脱术中的应用;

4. 微栓子的监测。

十一、TCD检查有什么意义?

1. 通过检测深度、血流速度、血管搏动指数、血流音频评估脑血管功能及病变;

2. 通过血流方向的变化判断颅内外动脉侧支循环的开放。

十二、TCD检查需要注意什么?

1. 注意患者头部位置，根据患者头围大小不断调整检测深度、声束方向。

2. 检测动脉血流信号连续性是观察血流动力学正常与否的重要因素。

3. 注意颅内动脉的解剖位置关系。

4. 注意动脉血流频谱方向的改变。

5. 比较双侧半球颅内同名动脉血流速度和血管搏动指数的对称性。

6. 正确利用颈动脉压迫试验，分析鉴别TCD检测结果。

7. 注意不同生理因素对脑血流速度的影响。

十三、什么是肌肉活组织检查?

肌肉活检是一项通过对特定部位肌肉的病理学检查正确诊断神经肌病病因的临床病理检验方法。

十四、哪些神经系统疾病可行肌肉活组织检查?

当出现神经肌病的特殊表现，如肌无力、肌肉痉挛、活动后易疲劳时，需考虑是否适合予患者行肌肉活检。

一般来说当考虑先天性肌病、炎性肌病、代谢性肌病、肌营养不良、神经源性肌萎缩时，可考虑给患者安排肌肉活检，以尽快及准确的明确诊断。

十五、肌肉活组织检查有什么意义？

1. 提供诊断的病理依据；

2. 作为基因检查、生化检查的有益补充；

3. 明确病理表型，指导治疗方案的制定。

十六、肌肉活组织检查需要注意什么？

1. 对患者进行充分的临床评价，是否有必要进行肌肉活检帮助诊断；

2. 明确患者是否有不适合肌肉活检的全身病变因素或特殊生理因素；

3. 对患者及家属进行充分告知，解答疑问，签署知情同意书；

4. 根据临床查体及肌肉 MRI 检查结果，选择合适取材部位，一般来说，选择存在受累，但受累并不非常严重的肌肉组织，常选择的活检肌肉部位包括肱二头肌和股四头肌；

5. 制定流程收集、处理肌肉标本，冰冻切片，选择特定的方法进行染色。

第三节　腰椎穿刺与脑脊液检查

一、什么是腰椎穿刺术？

腰椎穿刺术（简称腰穿）是在腰椎 3—4 或者腰椎 4—5 间隙进行穿刺，把脑脊液引流出体外的一种方法。其目的是：检查脑脊液成分，有助于疾病诊断及指导临床治疗；释放一部分脑脊液，使颅内压降低及改善临床症状；测定脑脊液压力，有效控制颅内压；分流从而可以减压，以治疗脑脊液漏。

腰椎穿刺术是神经内科临床检查常用方法之一，对神经内科疾病的鉴别、诊断、治疗都有着非常重要的意义，其操作简单、安全、可靠，可应用于神经系统疾病（如脑血管病、脑炎和脑膜炎等）的诊断和治疗。

二、腰椎穿刺术的适应证是什么？

1. 中枢神经系统炎症性疾病的诊断与鉴别诊断，包括化脓性脑膜炎、结核性脑膜炎、病毒性脑膜炎、霉菌性脑膜炎、乙型脑炎等；

2. 脑血管意外的诊断与鉴别诊断，包括脑出血、脑梗死、蛛网膜下腔出血等；

3. 肿瘤性疾病的诊断与治疗，用于诊断脑膜白血病，并通过腰椎穿刺鞘内注射化疗药物治疗脑膜白血病；

4. 测定颅内压力和了解蛛网膜下腔是否阻塞等；

5. 椎管内给药。

三、腰椎穿刺术的禁忌证是什么？

1. 颅内压明显升高，或已有脑疝迹象，特别是怀疑后颅窝存在有占位性疾病；

2. 穿刺部位有感染灶、脊柱结核或开放性损伤；

3. 硬膜外皮肤有明显感染；

4. 硬膜外脓肿；

5. 明显出血倾向或病情危重不宜搬动；

6. 脊髓压迫症的脊髓功能处于即将丧失的临界状态；

7. 有颅底骨折脑脊液漏者。

四、腰椎穿刺术有哪些常见的并发症？

1. 腰穿后头痛　系放出脑脊液量较多，平卧时间不足可导致低颅压性头痛。

2. 脑膜感染　未经严格消毒进行腰穿，可引起脊柱骨髓炎、椎间盘感染、硬膜外脓肿或细菌性脑膜炎。

3. 脑疝形成　对高颅压、后颅凹占位性病变的患者，如果在腰穿前未详询病史和查体，也未作降颅内压的相应处理，操作中大量放液导致椎管内压力骤降，可致枕骨大孔疝，患者可突然呼吸停止、昏迷、死亡。

4. 神经根痛、腰背痛　主要因腰穿时损伤神经根或针孔斜面切断韧带所致。

五、什么是低颅压综合征？

低颅压综合征（intracranial hypotension syndrome，IHS）是由多种病因引起的，侧卧位腰椎穿刺脑脊液压力<60mmH_2O，以体位性头痛为特征性表现的临床综合征。IHS 按病因分为原发性和继发性 2 大类：

1. 原发性低颅压综合征病因不明，可能与脉络膜血管舒缩功能紊乱导致脑脊液分泌过少、蛛网膜颗粒吸收过多及脑脊液漏出有关，近年来倾向于由自发性脑脊液漏所致。发病率为 5/100000，好发于 30～49 岁，男女之比约为 1∶2。

2. 继发性低颅压综合征可继发于腰椎穿刺术、脑外伤、颅脑手术及过量应用脱水剂和利尿剂、休克、严重全身感染、中毒等。

六、什么是脑疝形成？

脑疝是颅内压增高的一种表现，当颅内压增高到一定程度，颅内再无代偿余地时，部分脑组织通过一些解剖上的裂隙疝入压力较低部位，压迫附近的神经、血管和脑干，引起血液循环和脑脊液循环障碍，产生一系列危及患者生命的症状和体征。

临床上有小脑幕切迹疝、枕骨大孔疝及大脑镰下疝，其中前两种最常见。脑疝的病程发展临床上分 3 个阶段，即前驱期、代偿期、衰竭期。

脑疝是颅脑损伤的常见并发症之一，临床上发展迅速，表现为剧烈头痛、喷射性呕吐、血压升高、脉搏减慢、双侧瞳孔不等大、进行性意识障碍等，如不及时抢救，可导致中枢性呼吸循环衰竭、死亡等严重后果。

七、腰椎穿刺术术中护理要点是什么？

1. 指导和协助患者保持腰椎穿刺的正确体位；

2. 观察患者呼吸、脉搏及面色变化，询问有无不适感；

3. 协助患者摆放术中测压体位，协助医师测压；

4. 协助医师留取所需的脑脊液标本，督促标本送检。

八、腰椎穿刺术术后护理要点是什么？

1. 指导患者去枕平卧 4～6 小时，告知卧床期间不可抬高头部，可适当地转动身体；

2. 观察患者有无头痛、腰背痛、脑疝及感染等穿刺后并发症。穿刺后头痛最为常见，多发生在穿刺后 1～7 天，可能为脑脊液量放出较多或持续脑脊液外露所致低颅压性头痛。应指导患者多饮水，延长卧床休息时间至 24 小时，遵医嘱静脉滴注生理盐水等；

3. 保持穿刺部位的纱布干燥，观察，有无渗液、渗血，24 小时内不宜淋浴。

九、正常脑脊液的特点是什么？

脑脊液是存在于脑室及蛛网膜下腔内的无色透明液体，总量约 150ml，每天都在不断地生成和吸收，从而使脑脊液压力维持在一个平衡状态。正常人侧卧位时脑脊液压力 80～180mmH_2O。

十、什么是高颅内压？什么是低颅内压？

颅内压是颅内容物对颅腔壁产生的压力，通常用脑脊液压力代表，成人颅内压的正常值在 70～180mmH_2O 之间，儿童正常值在 50～100mmH_2O 之间。

成人低于 70mmH_2O 或儿童低于 50mmH_2O 为低颅压，成人高于 180 mmH_2O 或儿童高于 100

mmH_2O 为颅内压增高。

颅内压增高是神经科临床工作中常遇到的一个重要问题。中、重型颅脑损伤、脑出血经常引起急性颅内压增高，颅内肿瘤等占位性病变或早或晚都会引起不同程度的颅内压增高。颅内压增高可影响脑血液循环，导致灌注压下降，脑血流量减少，静脉回流受限，颅内血液淤滞，甚至引起脑组织受压、移位，严重者脑疝形成，患者常由于继发脑干损伤而死亡。

十一、什么是脑室穿刺引流术?

脑室穿刺引流术是神经科常见的抢救技术，用于急救或诊断某些颅内压增高疾病，通过穿刺放出脑脊液以抢救脑危象和脑疝。同时引流脑室内的肿瘤液、炎性液、血性液，能有效地减轻其对脑室的刺激，以减轻症状，为继续抢救和治疗赢得时机。

十二、为什么要做脑室穿刺引流术?

神经内外科因重度颅脑外伤、颅内占位病变、脑室系统出血、先天性脑积水堵塞室间孔、中脑导水管和第四脑室使脑脊液循环通路发生障碍，产生梗阻性脑积水，引起颅内压增高，出现一系列临床表现，如头痛、恶心、呕吐、视盘水肿、视力减退、精神与意识障碍、生命体征变化（即出现 Cushing 综合征，即呼吸、脉搏减慢而血压升高）。

及时行脑室穿刺引流术是挽救患者生命、改善脑缺氧、达到减压和清除脑水肿最有效的治疗方法。

十三、脑室穿刺引流术后护理要点是什么?

1. 一般护理 术后应继续观察患者病情变化，加强巡视，观察意识、瞳孔变化，并将生命体征变化做好记录；指导患者保持安静，绝对卧床休息，减少头部运动；各项基础护理及时到位，护理人员在操作过程中应做到动作轻柔，尽量减少对引流管的牵拉，术后复查 CT 护理人员陪伴其左右，做好病情观察，如有异常及时报告医师给予相应的处置。

2. 用药护理 护理人员应严格掌握患者所需药物的剂量、用法、间隔时间等，遵医嘱给予患者降压药物；指导患者按时服用降压药，保持血压平稳、波动在正常范围。

3. 引流管护理 术后各项操作应严格遵守无菌技术规程，保持各引流管通畅，且引流管的高度应高出脑室 20～25 cm；注意在搬动患者时应关闭引流管，避免引起颅内压变化；严密观察引流液的颜色、性质及量，若引流液突然增加且颜色变红，则提示有出血倾向，应立即通知医师给予及时有效的处理；一般患者置管时间为 3～7 天，可依据患者的情况拔管，在拔管前 1 天应将引流管夹闭，观察颅内压情况，在无增加的情况下拔管；拔管后需加压包扎伤口，必要时可缝合引流管口，卧床休息减少头部活动，防止伤口渗血；注意观察患者病情变化，有无意识障碍、抽搐、失语等，发现异常立即通知医师进行处理。

4. 呼吸道护理 术后患者意识未清醒时取平卧位，头偏一侧，及时吸痰，对于痰液黏稠者可采用吸痰机吸痰，及时清除呼吸道分泌物，持续低流量吸氧。对于气管切开患者应做好并发症的预防工作，严格无菌操作，调节好适宜的温湿度。

十四、什么是脑脊液置换术?

脑脊液置换术能够及时将血性脑脊液置换出，降低颅内高压，减少脑室系统残留红细胞、氧合血红蛋白等血性分解产物对脑膜的刺激作用，减轻对蛛网膜颗粒的堵塞作用，确保脑脊液循环通路通畅，确保脑部组织有效供血，缓解患者的临床症状，减少血性脑脊液中血凝块聚集、沉淀，有效降低脑梗死、脑水肿以及脑血管痉挛等严重并发症的发生率，使脑脊液尽快恢复正常，改善患者的预后及生活质量。

第四节　介　　入

一、什么是介入治疗？

介入治疗就是在影像设备的引导下，利用穿刺针、导管和导丝等器械，将特殊导管引入人体，对某一部位或病灶进行特殊的检查或治疗，是一种微创诊疗技术。

二、什么是数字减影血管造影（DSA）？

DSA 是通过电子计算机进行辅助成像的血管造影方法，是 20 世纪 70 年代以来应用于临床的一种 X 射线检查新技术。它是应用计算机程序进行两次成像完成的，这种图像较以往所用的常规脑血管造影所显示的图像更清晰和直观，一些精细血管结构亦能显示出来。

三、目前神经内科开展了哪些介入手术？

目前神经内科开展的介入手术包括：全脑血管及脊髓血管造影术、颅内动脉血栓溶栓及机械取栓术、颅内静脉窦血栓溶栓及机械取栓术、颈内动脉球囊扩张术及支架置入术、椎基地动脉球囊扩张术及支架置入术、颅内静脉窦狭窄支架置入术、颅外静脉支架置入术、颅内外动脉支架内再狭窄血管成形术、颅内外动脉慢性闭塞血管内成形术等。

四、介入手术前应做好哪些准备工作？

1. 介入患者术前必需提前入院，护理人员协助医师完成常规术前检查；向患者及其家属详细讲解手术必要性、手术的优点、及术中配合要点，及时疏导患者紧张焦虑的心理；对严重焦虑的患者可以遵医嘱给予适当镇静药物以保证术前充分的休息。

2. 做好用药护理，根据医嘱进行用药。

3. 做好皮肤准备，术前 1 天根据穿刺部位常规备皮，通常为腹股沟处、会阴部。行桡动脉穿刺的患者备皮手腕部至腋下；做好肠道准备，通常术前禁食 6～12 小时。

4. 术前必须签署手术知情同意书。

5. 有条件的话可以术前 3 天即开始床上大小便训练，排尿困难的患者应通过评估行术前留置尿管。

6. 术前肝素化，配制术中冲洗导管及灌洗所用的肝素生理盐水，按 500ml 生理盐水加 2000U 肝素，动脉鞘成功置入时予肝素钠 2000U，用于全身肝素化，记录第 1 肝素化时间，肝素化后每隔 1 小时追加一定剂量的肝素，预防各种导管进入血管后的血栓形成。

五、介入手术前用药护理有哪些？

1. 介入手术前的用药主要包括苯巴比妥钠（鲁米那）、地西泮注射液（安定）、咪达唑仑注射液（力月西）、尼莫地平（尼膜同）等；

2. 常规术前 30 分钟肌内注射苯巴比妥钠注射液，躁动患者视具体情况给予药物镇静，并维持一定的剂量；

3. 行介入治疗的患者术前 30 分钟常规泵注尼莫地平注射液，预防术中血管痉挛。同时应根据患者血压情况，维持一定的血压水平。

六、介入手术后的生命体征观察要点是什么？

1. 患者术后应做好基本生命体征的观察，常规心电监测，严密观测患者的神志、瞳孔、体温、脉搏、呼吸、血压、语言功能、肢体活动情况、穿刺肢体远端血运情况。

2. 常规造影检查的患者术后应每小时观察生命体征、神志、血压情况，患者有不舒服时及时告知医师进行处理。

3. 行介入治疗后的患者除了做好基本生命体征观察之外，应密切观察患者的神志、语言功能、呼吸、肢体功能情况等，定时评估，出现意识加深、语言功能及肢体功能不如之前的现象应立即告知医师。

4. 介入治疗术后应保持一定的血压水平，如患者基础血压不正常，在开通颈动脉狭窄前应给以适度降压，术前血压控制在 180/105mmHg 以下；血管开通后，推荐收缩压降至正常或比基础血压低 20～30mmHg（1mmHg=0.133kPa），但不低于 90/60mmHg。有效控制血压是预防过渡灌注综合征的关键。颈动脉支架置入者的血压宜维持在（120～130）/（60～80）mmHg；颅内段血管支架置入者，血压宜维持在（110～120）/（60～80）mmHg。并应连续动态监测、记录术后 24～48 小时血压、心率、呼吸、血氧饱和度的变化，严密观察患者临床表现，一旦出现异常症状，应立即报告医师。

七、介入手术后的肢体观察要点是什么？

1. 肢体观察要点包括术肢的活动度、穿刺部位敷料清洁度、足背动脉搏动情况、穿刺部位皮肤有无渗血、皮下血肿、局部硬结，并且观察有无进展性面积扩大。

2. 术后拔管时指压止血后，采用非致敏性弹力绷带 8 字法包扎，再加上 1～1.5kg 砂袋按压可有效防止出血。

3. 术后延长患者卧床时间，拔管后 6～8 小时穿刺侧肢体应完全制动，禁止屈髋、屈膝，减少非手术侧肢体活动，均能有效降低出血率。

4. 对于局部血肿及淤血者，可采用 50%硫酸镁湿敷或红外线局部照射。皮下血肿或硬结较大的患者需在生命体征平稳后行外科手术治疗。

八、介入手术的尿管管理是什么？

1. 对于介入手术的尿管管理目前没有统一结论，对于清醒可自主排尿的患者目前大多学者推荐术前行规律的排便训练，以便于患者术后排便顺利。而对于肢体功能障碍、部分排尿困难的患者，是否常规留置尿管，目前尚无定论。

2. 尿管管理由护士进行评估，护士术前应常规评估患者排尿情况，包括：排尿时间、排尿是否需要协助、排尿是否规律等；评估后根据患者实际情况，告知医师是否需要留置尿管。患者如伴有肢体功能障碍、神志不清等，应给予留置尿管。行介入治疗的患者应常规留置尿管，避免因术程时间较长，患者憋尿而引起血压升高、情绪焦虑，甚至术中排尿污染手术区域引起感染。

3. 留置尿管的患者应做好患者及其家属的心理护理，告知患者及其家属留置尿管期间的注意事项，保持尿管通畅、固定，定时排放。术后患者活动不受限时，应尽早拔除尿管。

九、介入手术的饮食护理有哪些？

1. 择期介入手术的患者，术前 6～12 小时禁食禁水，护士应根据患者实际手术时间告知患者及家属禁食禁水事项。

2. 前面手术术程延长时间较长时，应根据实际情况及时告知患者进食，避免禁食时间太长引起生命体征不稳定；糖尿病的患者不宜长时间空腹，可适当根据情况减少禁食时间。

3. 患者术后生命体征平稳，无头晕、恶心等，可少量进食进水；护士应做好进食指导，告知患者及其家属进食注意事项；进食速度应慢，避免容易引起呛咳的食物。

十、介入手术后的生活护理有哪些？

1. 介入术后的生活护理主要包括进食、进水、床头高度、翻身、排尿排便、卧床制动等。

2. 患者术后必须卧床 24 小时，术肢制动 6～8 小时，及时观察术肢足背动脉搏动、皮肤颜色，观察穿刺部位的皮肤情况、敷料情况；患者平卧位时不舒适，可适当摇高床头，床头高度<20°，避免体位过高引起穿刺部位出血；躁动患者术后需约束，必要时给予药物镇静。

3. 患者术后仍需定时翻身，避免引起压疮；翻身时需双人协助，一人由臀部托起固定术肢，一人垫软枕或者沙枕维持一定的体位；为患者清理大小便时需由一人固定术肢，避免术肢用力或者牵拉。

4. 患者术后食物无特殊要求，须做好进食进水的护理；进食进水时避免容易引起呛咳的食物；术后嘱患者大量饮水，必要时静脉输液，协助将造影剂排出体外。

第五节 溶 栓

一、什么是溶栓治疗？

最新循证医学依据提示溶栓治疗是目前治疗急性脑梗死唯一有效的手段。大多数急性脑梗死是动脉血管内血栓阻塞引起血液循环障碍，因而理想方法是早期再通闭塞的血管，在缺血脑组织出现坏死之前恢复脑血液灌注水平。

急性脑梗死早期动、静脉内溶栓治疗已广泛应用于临床，并取得了良好疗效。由于缺血半暗带仅存在于局部缺血后的早期，治疗时间窗也被限于这一特定阶段。通常以 6 小时以内为恢复灌注或再灌流的可接受时间，超过这一时间点，缺血半暗带内的神经元损伤为不可逆性，且会造成再灌注损伤。

二、溶栓治疗的目的是什么？

通过溶解血栓，使闭塞的脑动脉再通，挽救缺血半暗带，恢复梗死区的血液供应，防止缺血脑组织发生不可逆性损伤。

三、什么是静脉溶栓？

静脉溶栓是静脉推注或滴注溶栓药物溶解血栓，让闭塞的血管再通，使缺血但尚未坏死的脑组织（缺血半暗带）恢复灌注，避免坏死发生，改善临床结局。

静脉溶栓是目前应用最广泛的溶栓方法，也被认为是发病 4.5 小时内急性缺血性脑卒中患者的标准治疗方法。指南推荐急性脑梗死首选治疗为 4.5 小时内静脉应用注射用重组人组织纤维蛋白溶酶原激活剂（爱通立）。

四、什么是动脉溶栓？

动脉溶栓是经股动脉或颈动脉插管，借助 DSA 图像示踪，确定闭塞部位，将导管或微导管放至阻塞的脑血管内，使溶栓药物直接灌注至血栓局部，进行选择性动脉内溶栓治疗。

五、动脉溶栓和静脉溶栓相比，其优点和不足之处是什么？

1. 动脉溶栓的优点 是使导管尖端位于血栓近端或血栓内，采用较少剂量溶栓药即可在血栓局部达到较高的药物浓度，提高了血管再通率。研究证实，动脉溶栓与静脉溶栓相比，血管再通率分别是 70%～88%、34%～65%，这种优势在大脑中动脉近端、颈内动脉颅内段及颈总动脉终末段闭塞的患者中更明显。另外，动脉溶栓扩大了溶栓治疗时间窗，并为有特定静脉溶栓禁忌证或静脉溶栓失败的患者提供了机会。其他优点还包括 DSA 实时监测，明确血管阻塞部位及溶栓后血管是否再通，联合应用血管成形术等。

2. 不足之处 在于必须进行术前准备，延误溶栓时间，抵消了动脉溶栓的优势，并且对 DSA 设备及专业人员的技术要求高。在发病 6 小时内由大脑中动脉闭塞导致的严重脑卒中且不适合静脉溶栓或对静脉溶栓无效的患者，经过严格选择后可在有条件的医院进行动脉溶栓；对于后循环动脉闭塞导致的严重脑卒中且不适合静脉溶栓或对静脉溶栓无效的患者，可相对延长时间窗至 24 小时。

3. 临床预后 动脉溶栓后良好的临床预后高度取决于治疗开始时间，对适合行动脉溶栓的患者，治疗的关键在于快速启动患者的筛选、转运及多学科参与的绿色通道或临床路径。

六、什么是动、静脉联合溶栓？

动静脉联合溶栓，即先行静脉溶栓，然后行脑血管造影，如果存在残余血栓，再行动脉溶栓治疗。理论上能够兼顾静脉溶栓简单、快速和动脉溶栓血管再通率高的特点，因而近年来日益受到重视。

七、什么是机械溶栓？

机械溶栓包括机械碎栓和机械取栓，借助血管内器械使血栓损毁、破裂，或抓捕血栓将其取出颅内动脉，达到血管再通的目的。

1. 机械碎栓 通过微导丝微导管、超声 或激光等装置，软化、破坏血栓，增大与溶栓药物的接触面积，能够扩大时间窗，减少溶栓药物的剂量。主要缺点是破裂后的血栓碎片可能引起远端栓塞。

2. 机械取栓 与动脉、静脉溶栓相比，机械取栓的优点是不依赖溶栓药，进一步延长时间窗，降低出血风险；再通时间快（ 数分钟）；再通率更高。机械取栓与机械碎栓相比，血栓破裂风险小，远端栓塞发生率低。 不足之处主要在于损伤内皮、血管壁穿孔；对设备、人员及材料的要求更高。

八、什么是支架成形术？

支架成形术能够挤压破坏梗阻部位血栓，并解除梗阻部位狭窄。目前所使用的支架主要包括球囊扩张式支架和自膨式支架，广泛应用的是颅内自膨式支架。支架成形术相关主要并发症包括血管破裂、血栓栓塞、再狭窄等。支架成形术治疗的疗效持久性仍有待研究。

九、溶栓治疗的适应证是什么？

1. 脑梗死发病 4.5 小时以内，MRI 指导下可延长到 6 小时；

2. 头颅检查排除脑出血；

3. 脑功能损害的体征持续存在超过 1 小时；

4. 年龄 18～80 周岁；

5. 患者或家属知情同意并签字。

十、溶栓治疗的禁忌证是什么？

1. 既往有颅内出血，包括可疑蛛网膜下腔出血者；

2. 近 3 月有头颅外伤史；

3. 发病前 21 天有消化道和泌尿系出血；

4. 在过去 14 天内有大手术和创伤；

5. 近 1 周内有不可压迫部位的动脉穿刺；

6. 近 3 个月有脑梗死或有心肌梗死史；

7. 严重内科疾病，包括心肝肾衰竭或严重糖尿病者；全身体检发现活动性出血或外伤（骨折）的证据；

8. 正在应用抗凝剂，或 48 小时内应用肝素治疗者；血小板计数$<60\times10^9$/L；血糖 $<$2.7mmol/L。

十一、常用的溶栓药物有哪些？

1. 第一代 链激酶（streptokinase，SK）、尿激酶。

2. 第二代 重组组织型纤溶酶原激活物、组织型纤溶酶原激活物（tissue-type plasminogen activator，t-Pa）、单链尿激酶纤溶酶原激活物（single chain urokinase-type plasminogen activator，sCUPA）。

3. 第三代 抗体靶向溶栓药：①抗血小板膜受体靶向溶栓药物。②阿替普酶与尿激酶的突变体。③从动物（如吸血蝠）或细菌（如金葡菌）中提取物；葡激酶。

十二、溶栓前的护理要点是什么？

由于溶栓药物与用药时间、梗死面积有关，因此一旦确诊脑梗死，就应分秒必争，积极配合医师：

1. 进行神经功能缺损程度的护理评估，密切观察生命体征、意识、瞳孔、肢体肌力等变化，在一侧肢体建立好动态血压监测。

2. 尽快备齐抢救用物，如吸痰机、输液泵、吸氧设备等。

3. 在最短时间内做好血液标本采集，如血常规、血小板、出凝血酶原时间、D-二聚体及大便潜血试验等。

4. 立即建立 2 条静脉通道，准备好溶栓药物。

5. 急性脑梗死短时间出现偏瘫、失语、口角歪斜等症状，患者大多数会表现出精神紧张、焦虑、烦躁等，同时患者、家属存在心理负担重和对治疗期望值过高的问题，此时要给予解释性心理护理，对他们进行相关疾病知识宣教。解释疾病发生、发展及演变过程，以及溶栓治疗目的和可能发生的并发症如出血等，以解除患者及其家属的心理压力，使其积极配合治疗。

6. 急诊 CT 检查排除脑出血。

十三、溶栓过程中的护理要点是什么？

1. 用药护理　建立静脉通道，根据医嘱严格掌握药物的时间、剂量、方法，如果是重组组织型纤溶酶原激活物溶栓，由于其半衰期为 20～30 分钟，药液须现用现配。

2. 血压监测　急性脑梗死由于血管自动调节机能受损，脑血流在很大程度取决于动脉血压，而明显降低平均动脉压可能对缺血脑组织产生不利影响。因此，溶栓期间的血压管理至关重要。溶栓时须严监测血压变化，减少可能使血压增高的因素，如让患者安静休息，减少探视，避免紧张、激动等。溶栓治疗前、后应每 10～30 分钟测量血压 1 次，并详细记录，6 小时后每小时测血压 1 次。如果收缩压≥180mmHg 或舒张压≥105mmHg，应增加测量血压的频率，按医嘱给予降压药物。

十四、溶栓之后的护理要点是什么？

1. 生命体征的检测　密切观察意识、瞳孔、肢体肌力、语言，以判断溶栓效果及病情进展，测血压 q15min×2h，其后 q30min×6h，其后 60min×16h，静脉溶栓后维持血压低于 180/105mmHg；动脉溶栓后维持血压低于 110/85mmHg。每 4 小时测量体温 1 次，一旦体温增高，立即采取降温措施；测脉搏和呼吸：q1h×12h，其后 q2h×12h。

2. 观察出血征象

（1）皮肤及黏膜：有无皮下出血、牙龈出血、鼻出血、注射部位有无渗血。

（2）消化道系统：胃出血、便血等。

（3）泌尿系统：血尿。

（4）颅内出血：意识障碍加深等，头颅 CT 检查（复查 CT 时机：如果病情出现恶化应及时复查 CT，如果溶栓过程中出现严重头痛、急性高血压、恶心和呕吐，停止使用重组组织型纤溶酶原激活物，即刻 CT 检查。其余在发病后 24 小时复查 CT）。

3. 防止损伤及出血　避免不必要的触及患者，24 小时内绝对卧床，避免插胃管，用药 30 分钟内尽量避免插导尿管尽量减少肌肉、动静脉注射次数，药物注射完毕局部按压 5～10 分钟，观察注射部位有无发红、疼痛，如有应及时处理。

4. 变态反应观察　用药后 45 分钟时检查舌和唇以判定有无血管源性水肿，如果发现血管源性水肿立即停药，并给予抗组织胺药物和糖皮质激素。

5. 良好沟通　将溶栓后未能达到的效果如实告知，针对病情做好治疗和预后的配合。

6. 合理饮食　给予易消化低盐、低脂饮食，糖尿病者给予低糖饮食，多食绿色蔬菜及含纤维素高的食物，保持大便通畅，避免便秘。进食呛咳者进食宜缓慢，宜食糊状食物，预防吸入性肺炎，不能进食者给予鼻饲。

7. 制订康复计划　为降低患者的致残率，提高生活质量，应制定适合患者的康复计划，并协助患者有效的执行。

十五、溶栓治疗的并发症有哪些？

1. 出血　出血性病变是超早期溶栓治疗最主要的并发症之一，出血发生率为 10%～30%，故溶栓后严密观察皮肤黏膜、牙龈、鼻腔、消化道、泌尿道有无出血倾向，监测凝血功能，观察出凝血时间。最常见为皮肤黏膜出血，主要为静脉抽血时穿刺处瘀斑，或肢体反复进行血压监测，捆绑处皮肤瘀斑。应对各种注射的穿刺点延长压迫时间，使用自动血压监测仪连续监测血压时，袖带缠绕不宜过紧，以能伸进 1 指为宜。当患者在溶栓 24 小时内出现头痛、呕吐或出现进行性意识障碍、双侧瞳孔不等大、对光反应迟钝或消失、原有症状加重或出现新的肢体瘫痪，则提示有脑出血的可能，应立即报告医师，并及时采取相应救治措施。

2. 再灌注损伤 急性脑梗死早期先出现细胞性脑水肿，若缺血缺氧迅速改善，脑水肿可减轻或消失。若缺血缺氧时间超过数小时，即可导致血管内皮细胞和血-脑脊液屏障损害，而导致血管源性脑水肿形成颅内高压。当发现患者出现困倦、凝视麻痹、瞳孔不对称、周期性呼吸、头痛和呕吐、眼球外展麻痹和视盘水肿时，提示颅内高压，应立即报告医师予降颅压治疗。

3. 血管再闭塞 发生率为 10%～20%，发生原因尚不十分清楚。国内外研究结果表明，脑梗死早期溶栓治疗前景光明，但其危险/疗效比还需明确。

4. 变态反应 发生几率很低，表现为突发面色苍白、意识淡漠、血压下降，立即给予抗过敏、抗休克抢救后症状缓解，未对溶栓效果造成影响。故在溶栓过程中及溶栓后需密切观察有无变态反应的表现，如皮疹、瘙痒、烦躁、生命体征改变等。

第六节 高 压 氧

一、什么是高压氧治疗?

凡是高于常压（1个大气压强）的压力称之为高气压。将机体置于高压氧舱内，在高于 1 个大气压的条件下吸纯氧来治疗疾病的方法叫高压氧疗法。

二、高压氧治疗的适应证是什么?

1. 各种中毒，如一氧化碳中毒、二氧化碳中毒、硫化氢中毒、氢化物中毒、氨气中毒、光气中毒、农药中毒、化学药物中毒等。

2. 溺水、自缢、电击伤、麻醉意外以及其他原因引起的脑缺氧、脑水肿、减压病等。

3. 心血管系统疾病，如冠心病、心绞痛、心肌梗死、心源性休克。

4. 消化系统疾病，如胃、十二指肠溃疡、术后溃疡。

5. 感染性疾病，如气性坏疽、破伤风及其他厌氧菌感染、病毒性脑炎等。

6. 其他适应证，如脑血栓形成、脑栓塞、脑萎缩、脑供血不全、脑挫伤、脑外伤后综合征、骨髓炎、截瘫、周围神经损伤、多发性神经炎。

三、高压氧治疗的禁忌证是什么?

1. 未经处理的气胸、纵隔气肿。

2. 活动性内出血及出血性疾病。

3. 氧中毒史。

4. 结核性空洞形成并咯血。

四、高压氧治疗前的护理要点是什么?

1. 入舱前做好宣传准备工作，使患者明确治疗目的，消除紧张恐惧心理。

2. 入舱前应了解每个患者的诊断、治疗方案、主要常规检查结果和健康情况，及时发现禁忌证，防止发生治疗不良反应和意外。

3. 入舱前教会患者预防各种气压伤的基本知识，了解耳咽管通气方法。新患者及鼻塞者进舱前 10 分钟给予 1%麻黄碱或萘甲唑啉（滴鼻净）点鼻；教会患者开张咽鼓管的动作要领，如捏鼻鼓气法，做张口、吞咽等调压动作，并嘱患者在减压时不要屏气。

4. 进舱人员必须遵守氧舱医疗安全规则，严禁易燃易爆物品带入舱内。不宜穿戴易产生静电火花的衣物（如氯纶、尼龙、腈纶、丙纶、毛织品膨体纱等）入舱，特别是纯氧舱和不能控制舱内氧浓度的高压氧舱，只能穿全棉服装进舱，以防舱内起火爆炸事故发生。同时手表、钢笔、保温杯等物品也不宜带入，以免损坏。

5. 治疗前应排空大小便，对二便失禁或昏迷病员进舱前应妥善处理，并备好大小便器；为保持舱内空气干净无味，瘫痪及昏迷患者应经常擦洗皮肤、会阴、搞好口腔卫生，以减少不良气味带入舱内；进舱前应更换清洁专用鞋。

6. 进舱前不要饱食、饥饿和酗酒，一般情况下，最好在饭后 1～2 小时进舱。

7. 患者带处理导管入舱时，要检查导管是否通畅，并妥善固定导管，使之不移位，不伸入体内或脱出，以防逆流。

8. 舱内应备齐各种检查、医疗、护理所需的器具和药品，舱内常备药品应定期检查、更换，防止过期失效。

9. 治疗前检查有关阀门、仪表、通讯、照明、供气、供氧、通风等系统运转是否正常。同时调节好舱内温度，冬天要加热至 18～24℃，夏天要预冷至 28℃后才能进行治疗。

10. 治疗前检查患者输液是否通畅，静脉穿刺部位有无红肿，注意备足舱内治疗时所需用的液体和药物。舱内输液最好使用开放式输液瓶，以便于添加药物和避免减压时气体膨胀致玻璃瓶破裂。

五、高压氧加压中的护理要点是什么？

1. 操作人员在开始加压或进行每项操作步骤之前，都应明确告知舱内人员，如“开始加压，有什么不舒服”等。

2. 掌握合适的加压速度，预防各种气压伤的发生。舱压升至 0.16MPa 之前，加压速度应缓慢，并不断询问患者有无耳痛。上述压力若能顺利通过，加压速度可稍加快；若耳痛比较明显，或昏迷患者和小孩在加压时躁动不安，则应暂停加压；如调压仍有困难，耳痛无明显缓解，可适当排气降压，同时向鼻内点滴麻黄碱，经上述处理疼痛消失，可再继续加压；若经各种努力，调压不能成功，应减压出舱。

3. 高压氧治疗的压力范围一般为 0.2～0.3MPa。

4. 从加压开始，升到规定压力所需的时间称为升压时间，如由于某种原因而使加压过程暂停，接着又再加压到规定压力，此全部时间均应计入升压时间内。

5. 常规治疗压力为 0.20～0.25MPa，加压时间约需 20～25 分钟。加压初期升压速度宜慢，加压至表压 0.06MPa 以后，只要患者可耐受，加压速率不限。加压过程中，特别观察昏迷患者的面部表情、呼吸浅弱患者的呼吸频度和幅度改变。

六、高压氧稳压吸氧过程中的护理要点是什么？

1. 稳压时间也就是高压氧治疗时间。在整个稳压期间，应使舱压保持恒定不变，如出现舱压有升降时，应及时加以排气减压或进气升压，舱压波动范围不应超过 0.005MPa。

2. 面罩吸氧。大中型高压氧舱均用压缩空气加压，患者戴口鼻面罩吸纯氧。重危、昏迷患者采用一级吸氧。面罩吸氧时应注意以下事项：

（1）正确佩带面罩，保持良好接触。要求面罩应与面颊部紧贴，防止空气漏入面罩。

（2）重危、昏迷患者如采用一级吸氧装置，则橡皮囊与肺相通，当橡皮囊受到猛烈挤压、碰撞或囊内过度充盈，而使肺内压力大于胸壁压力时，有可能造成肺气压伤。因此，吸氧时严禁拍击橡皮囊，并随时注意囊内氧气充盈程度。

（3）在吸氧过程中必须严密观察患者有无氧中毒的表现。如发现患者有烦躁不安、颜面及口唇肌肉抽搐、出冷汗或突然出现干咳、气急或患者自诉头昏、眼花、恶心、无力等症状时，应立即处理，如情况未见好转，应减压出舱。

（4）为防止氧中毒，采用间歇吸氧法，如吸氧 30 分钟—吸空气 5 分钟—再吸氧 30 分钟—吸空气5分钟—最后吸氧20分钟，或吸氧40分钟—吸空气10分钟—再吸氧40分钟。在0.3MPa下，用这种间歇吸氧法，吸氧总时间不应超过120分钟。在0.2MPa下，吸氧时间不超过240分钟，均属于安全吸氧范围。

（5）如患者戴橡胶面罩过敏，应将面罩下垫以无菌纱布，使之不直接接触皮肤产生变态反应。

3. 供氧压力一般为0.4～0.5MPa，大于0.6MPa患者可能出现胸部闷胀感，小于0.4MPa患者可感气不足且费力，供氧量一般为10～15L/min。

4. 注意通风换气，即通过高压氧舱的进气阀，使新鲜压缩空气或压缩氧气（单人纯氧舱）注入舱内，同时打开排气阀，以排出舱内混浊空气。但必须注意控制入气量等于出气量，使舱压保持不变。

七、高压氧减压过程中的护理要点是什么?

治疗结束后，舱压由高压降至常压的过程，称为减压。由于患者和陪舱人员在高压环境下停留了相当长时间，机体内体液和组织中已溶解了较多压缩气体，特别是氮气。因此减压时必须控制在适宜的减压速度。减压方法有匀速减压和阶段减压两种，注意下列事项：

1. 严格按照高压氧治疗方案进行减压，不得随意缩短减压时间或改变减压方案。

2. 在减压过程中，应嘱患者自如呼吸，绝对不能屏气。

3. 舱内输液应使用开放式输液吊瓶，减压时莫菲氏滴管内气体膨胀，瓶内压力增高，气体有进入静脉造成空气栓塞的危险，因此要注意将莫菲氏滴管内液体注满。如是密闭式输液，瓶内应插入足够长的无菌针头至液平面以上，以保持排气。

4. 减压时所有引流管及皮条均应开放。

5. 昏迷患者、气管插管或气管切开者、休克抢救后血压复升未稳定者或脑水肿出现反复者应减慢减压速度。

6. 减压时气体膨胀吸热，使舱温下降，应注意保暖。

7. 减压时舱内温度急剧下降，如达到雾点时，舱内会出现雾气，这是正常物理现象，应适当通风，控制减压速度，可减少或避免这种现象发生。

8. 由于高气压对呼吸道的刺激，使呼吸道分泌物增多，因此应注意随时吸痰，保持呼吸道通畅。在减压最后阶段，由于负压改变，分泌物难以排出，必要时可使用空针抽吸。

9. 在减压过程中，胃肠道气体膨胀，可引起腹胀、腹痛，因此治疗前应嘱患者适当控制饮食，选用不产气的食物和饮料。

10. 操舱人员必须集中精神，不得擅自离开操纵台，减压出舱后，应询问患者有无皮肤瘙痒、关节疼痛等不适，以及早发现减压病的症状。对危重、昏迷患者减压出舱应通知主管医师接管。

第十一章　神经系统疾病的康复护理

一、什么是神经功能康复治疗？

神经功能康复治疗是采用多种功能训练为主的多种有效措施加快神经功能恢复进程，减轻神经系统病损后导致的功能残疾或残障程度，使患者回归家庭和社会，以提高患者的生活质量。

二、神经功能康复治疗的意义是什么？

神经功能康复治疗具有现代康复医学的特点，遵从康复医学的3项基本原则：功能训练、全面康复、重返社会。

1. 功能训练　神经康复的目的在于根据功能检查及评估，采取多种方式进行功能训练，保存和恢复神经系统疾病患者的功能活动，包括运动、认知、心理、语言交流、日常生活、职业活动和社会生活等方面的能力。

2. 全面康复　神经康复的对象不仅是有功能障碍的肢体及精神，更重要的是整个人。从生理上、心理上、职业上和社会生活上进行全面、整体的康复。让患者在医疗康复、教育康复、职业康复、社会康复等领域上全面地得到康复，提高生活质量。

3. 回归社会　即便是患者也是在社会中生活的，同样应享有社会生活的权利，神经康复最根本目的不在于仅仅改善功能障碍，而是为了让患者具有参加社会生活，履行社会职责的基本能力：①认知能力；②生活自理能力；③行动能力；④家庭劳动能力；⑤社交活动能力；⑥就业能力。

三、神经系统疾病康复训练的主要内容有哪些？

1. 运动疗法　包括强化肌力及按神经生理发育原理，采取相应方法促进必要的运动及反射，抑制异常运动和反射。

2. 理学疗法　即物理治疗，如生物反馈、电刺激、超声、热疗、水疗以及我国传统的针灸、推拿等。

3. 作业治疗　如上肢运动能力，协调性、灵活性的训练，日常生活能力训练，职业劳动训练。

4. 语言治疗　对失语、构音障碍、口吃进行训练，改善语言交流能力。

5. 心理治疗　对心理、精神、情绪、行为有异常的进行个别心理治疗。

6. 康复护理　即通过体位处理、心理支持、膀胱护理、肠道护理、辅助器械使用的指导，预防继发障碍，促进康复。

7. 支具辅助应用　对有肢体变形、运动异常患者装配适当支具矫形器，防止变形发展，补偿功能活动，提高生活自理能力。

8. 职业训练　根据患者的就业潜力和可能性，选择适宜职业做就业前训练。

四、什么是压疮？

压疮是指局部组织长时间受压，血液循环障碍引起局部持续缺血、缺氧、营养不良而致的软组织损害，如溃烂和坏死。引起压疮最基本、最重要的因素是压力，故压疮又可称为压力性溃疡。

五、压疮的好发部位有哪些？

压疮多发生于受压和缺乏脂肪组织保护、无肌肉包裹或肌层较薄的骨隆突处，与卧位有密切关系。

1. 仰卧位　好发于枕骨粗隆、肩胛部、肘部、骶尾部及足跟处，尤其好发于骶尾部。

2. 侧卧位　好发于耳郭、肩峰、肋骨、髋骨、股骨粗隆、膝关节的内外侧及内外踝处。

3. 俯卧位　好发于面颊、耳郭、肩峰、女性乳房、肋缘突出部、男性生殖器、髂前上棘、膝部和足趾等处。

4. 坐位 好发于坐骨结节、肩胛骨、足跟等处。

六、压疮根据严重程度如何分期？

1. Ⅰ期，指压不变白的红肿 通常在骨突出部位有局部指压不变白的红肿，且皮肤完整。肤色深的可没有明显压红，但颜色可能与周围皮肤不同。与邻近组织相比，该部位可能有疼痛、硬肿或松软、皮温较热或较冷。此分期可能对于肤色深的个体压疮诊断有困难，但可归为高危人群。

2. Ⅱ期，真皮层部分缺损 缺损涉及真皮层的局部，表现为一个浅表开放的红粉色创面，周围无坏死组织溃疡，也可表现为完整的或开放/破溃的充满浆液或血清液体的水疱。创面为一个有光泽或干燥的周围无坏死组织或淤肿的浅表溃疡。此分期不适用于描述皮肤撕裂伤、带状烧伤，由失禁引起的皮炎、浸渍或皮肤擦伤。

3. Ⅲ期，全皮肤层缺损 全皮层缺损。可见皮下脂肪，但没有骨骼、肌腱或肌肉暴露；有腐肉，但未涉及深部组织。可有潜行和窦道。Ⅲ期压疮的深度因解剖位置不同而表现不同。鼻梁、耳、枕部和踝部没有皮下组织，因此Ⅲ期溃疡较为表浅，而一些肥胖部位则会非常深。此期骨骼肌腱并未暴露，或不能直接触及。

4. Ⅳ期，组织全层缺损 全皮层缺损，伴有骨骼、肌腱或肌肉暴露。伤口床可能会部分覆盖腐肉或焦痂，常常会有潜行和窦道。Ⅳ期压疮可深及肌肉，有时伴有骨髓炎。暴露的骨骼或肌肉肉眼可见，或通过触诊可及。

5. 不可分期，皮肤全层或组织全层缺损——深度未知 缺损涉及组织全层，但溃疡实际深度完全被创面坏死组织掩盖，无法确定其实际深度，除非彻底清除坏死组织或焦痂以暴露出创面底部。这种情况可能属于Ⅲ期或者Ⅳ期。足跟部固定的焦痂（干燥、附着紧密、完整且无红肿或波动性）相当于机体天然的（生物的）遮盖物，不应该被清除。

6. 可疑深部组织损伤期——深度未知 由于压力和（或）剪切力造成皮下软组织受损，在完整但褪色的皮肤上出现局部紫色或黑紫色，或形成充血性水疱。与邻近组织相比，该区域的组织可先出现疼痛、硬肿、糜烂、松软、较冷或较热。深部组织损伤在肤色深的个体比较难诊断。此期也包括在黑色创面上形成的水疱，可能会发展为被一层薄焦痂覆盖；即便接受最佳治疗，也可能会快速发展成为深层组织的破溃。

七、压疮发生的危险因素有哪些？

1. 年龄因素 患者年龄越大，皮肤松弛干燥，缺乏弹性，皮下组织萎缩变薄，皮肤易损性增加，极易发生压疮。国内学者研究证实，压疮发病率与年龄呈正相关。与美国国家压疮顾问小组（National Pressure Ulcer Advisor Panel，NPUAP）的报道相符。据统计，40 岁以上患者较 40 岁以下患者压疮发病率高 6 倍或 7 倍。

2. 营养不良因素 营养不良的患者易出现蛋白质合成减少、皮下脂肪减少、肌肉萎缩，受压时局部缺少肌肉和脂肪组织的保护，引起血液循环障碍，增加了压疮发生的危险性。Fife 等研究显示，血清白蛋白<35g/L 的患者压疮发生率为 21.45%，血清白蛋白>35 g/L 的患者压疮发生率为 7.7%。

3. 感觉障碍因素 患者的感觉受损可造成机体对过度受压的疼痛刺激敏感性下降，引起变换体位次数减少甚至不变换体位，造成局部皮肤长期、过度受压，容易发生压疮。

4. 力学因素 力学因素包括压力、剪切力、摩擦力 3 种，而压力是造成皮肤破损最主要因素，不论任何部位，局部压力达到足够大和足够长时间都可发生压疮。

八、预防压疮的主要护理要点是什么？

1. 长期卧床、大手术后、高龄、营养不良、低蛋白、过度肥胖者、强迫体位、有活动及感觉障碍、大小便失禁患者及患者病情发生变化时由责任护士按《Braden 压疮风险评估表》评估患者是否存在压疮风险。

2. 对存在高风险患者，针对不同的压疮风险因素，制定相应预防措施，向患者及其家属进行知识宣教，使其充分了解压疮的风险及预防措施，并在床头挂“防压疮”警示牌。

3. 加强对压疮高风险及压疮患者的营养支持，纠正营养不良。

4. 保持患者皮肤清洁卫生、完整性好、无异味、无瘙痒。

5. 保持床单位清洁、干燥、平整、无渣屑。

6. 翻身、变换体位时避免拖、拉、推等动作。

7. 根据病情给予患者使用气垫床、海绵垫、水胶体或泡沫敷料等减压用品。

8. 大小便失禁的患者及时查明原因，并得到有效解决。大小便失禁患者使用透气性垫巾，皮肤弄脏时及时清洗并用赛肤润或保护膜保护皮肤，防止尿便直接刺激皮肤；小便失禁患者使用尿套或留置导尿管；大便失禁患者可用造口袋或其他收集器收集大便。

九、翻身的意义是什么？

1. 维持良好的卧位，减少组织受压，将压疮发生率降至最低。

2. 维持患者肢体功能位置，预防关节挛缩、久卧后肺炎等并发症形成。

十、翻身的注意事项有哪些？

1. 长期卧床无法自行翻身的患者，需根据患者病情及皮肤情况进行翻身，至少每 2 小时翻身 1 次。

2. 避免在进食半小时内翻身，以防胃内容物逆流呛入气管内。

3. 当患者有头部外伤、脊髓损伤、骨折、髋或膝关节置管等情况时，应根据特殊要求翻身及摆放体位。

4. 翻身前需确认患者的管道情况，翻身时应将导管安置妥当，以防翻身过程中不慎拉扯、脱落或扭曲，需保持管道引流通畅。

5. 可穿垂足板或使用垫板，维持足部功能位，防止足下垂。

6. 患者如有损伤，需避免患处受压，必要时需使用气垫床或各种缓冲装置等辅助工具，以减轻局部压力，从而减少压疮发生机会。

7. 翻身时需注意要进行轴线翻身，身体及头部应一起翻转。

8. 翻身时不能拖拉患者，防止拉伤患者或擦伤患者皮肤。

十一、叩击拍背的意义是什么？

1. 适用于肺炎、痰多的患者，以及老年人、意识模糊的患者或咳嗽无力者。

2. 促进附着在气管、支气管、肺内分泌物松动以利其排出。

3. 帮助控制肺炎，防止肺泡萎缩和肺不张。

十二、叩击拍背的注意事项有哪些？

1. 需根据患者病情决定叩击拍背的频率及时间，应在饭前 30 分钟或饭后 2 小时进行，一般以 40～50 次/分的频率，时间每次 10～15 分钟为宜，每日 3～4 次，若痰多者，可适当增加次数。

2. 叩击拍背时应由外向内、由下向上从肺底部开始拍背从而将痰液排出，叩击的相邻部位应重叠 1/3，力量中等，叩击时发出空而深的拍击声，叩击时应避开乳房和心脏，勿在脊柱、骨突部位进行。

3. 拍背时需运用手腕力量，使用空心拳，即五指并拢呈弓形，根据患者实际病情决定拍背力度，一般以患者能承受的力量为宜。

4. 拍背时注意观察患者留置的管道情况，防止在拍背过程中扭曲压迫或脱出。

5. 注意严密观察患者情况，如发现异常，及时停止叩击拍背，放平患者，根据实际情况进行处理。

6. 拍背时同时指导患者深呼吸后用力咳痰，咳嗽时嘱患者身体略向前倾，腹肌用力收缩，在深吸气后屏气 3～5 秒再咳嗽，重复数次。

十三、震动排痰的意义是什么？

震动排痰机是一种通过振动起到痰液松动而利于咳出的机器。痰液黏稠，不易咳出时，可作为治疗方法之一，可以使痰液易于咳出，利于肺炎控制，减少气管插管的风险。适用于哮喘、支气管扩张、支气管炎、慢性阻塞性肺疾病、急性肺炎、气管切开术需排痰及理疗者。

十四、震动排痰的注意事项有哪些？

1. 接触部位皮肤感染、胸部肿瘤、血管畸形、肺栓塞、急性发炎过程、肺结核、气胸、胸水、胸壁疾病、咯血、出血性疾病或凝血异常、有出血倾向者、癌症、肺脓肿、刚手术后、大血管手术后、头部外伤急性期、颅压升高、胸骨骨折、癫痫发作时、不耐受震动者、急性心肌梗死，肺部栓塞或心房颤动的患者，禁忌震动排痰。

2. 至少在用餐前 1 小时进行，应避免于饭后操作。

3. 预防长期卧床痰液坠积性积聚，每天宜维持早晚各 1 次的排痰，且每次每侧应至少 10 分钟；若痰液量多者宜增加执行次数。

4. 使用祛痰药后，痰液变稀薄，在患者咳痰无力的情况下，可能自动或在震动情况下倒流入较细支气管，加重阻塞，形成肺部感染。应用祛痰药后，应该尽可能采取体位引流，外加震动排痰。体质特别虚弱、心功能衰竭及气道反应高的患者应慎用。喘息的患者一般不主张震动排痰，单纯的咳嗽患者可以震动排痰，但应使用合适排痰模式。

5. 震动排痰时从下向上、从外向内，直至整个肺部及肋部，要缓慢有序的移动，在肺下叶部及肺部感染部位可救济时间长一些，同时加大一些压力。

6. 患者出现呼吸困难及发绀等不适时，应立即停止并采取相应措施。

十五、患侧卧位需要注意什么？

患侧卧位是所有卧姿中最重要的体位。头部应在上颈段屈曲，躯干稍向后转，患上肢肩前伸，前臂旋后，肘关节和腕关节被动背伸。下肢是迈步位，健肢在前，患肢在后，健肢髋、膝屈曲，患腿保持伸髋，稍屈膝体位（图 11-1）。

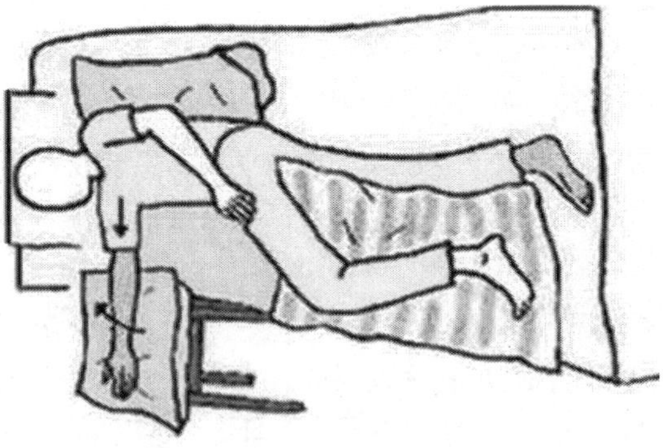

图 11-1　患侧卧位

十六、健侧卧位需要注意什么？

患侧上肢肩向前伸，肘关节和腕关节保持伸展，腋下垫软枕，使肩部和上肢保持外展。躯干与床面成直角，患侧下肢向前屈髋、屈膝，并完全由枕头支持，注意足不能内翻悬在枕头边缘。健侧肢体自然放置（图 11-2）。

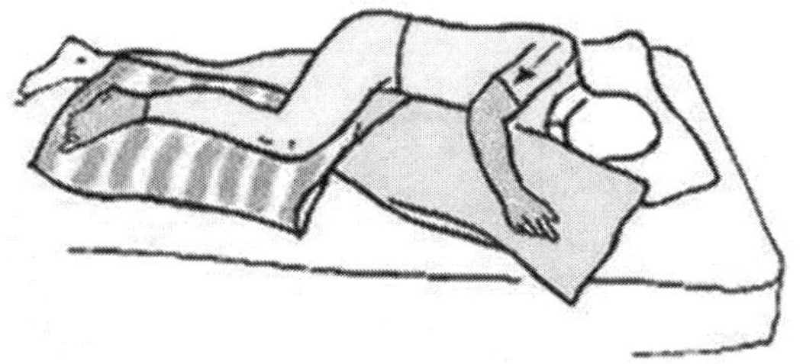

图 11-2　健侧卧位

十七、仰卧位需要注意什么？

应尽量少用。头部置枕不宜过高，患侧上肢肩胛骨尽量前伸、在肩胛骨下面垫一软枕。肩关节向外展与身体呈 45° 角；伸展肘关节、腕关节背伸和伸展手指略分开，拇指外展，掌心向上，使骨盆向前，防患腿外旋。患侧下肢伸直，在腰和髋部下面垫一软枕，髋关节稍向内旋。膝关节稍弯曲，膝下垫一软枕。应避免用枕头在小腿支持，脚底不要接触任何东西（图 11-3）。

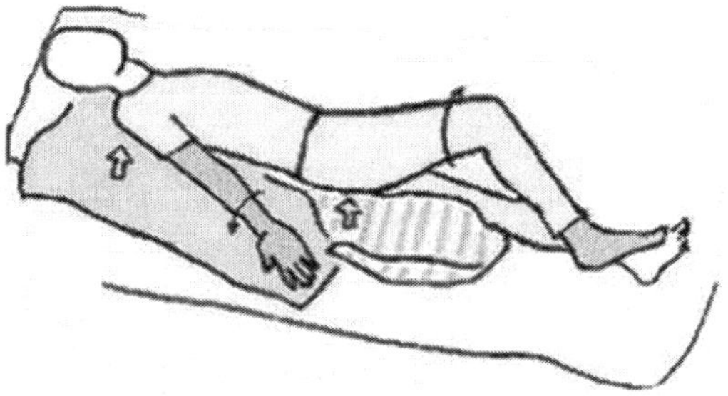

图 11-3　仰卧位

十八、平衡训练需要注意什么？

1. 系统地有顺序地进行　坐位平衡（图 11-4）→爬行位平衡（手膝跪位）→双膝跪位（长跪位）→立位平衡（图 11-5）。

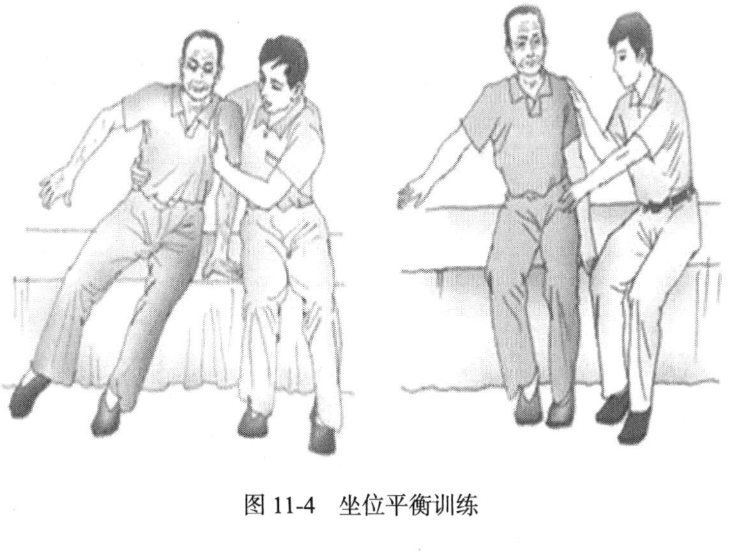

图 11-4　坐位平衡训练

图 11-5　立位平衡训练

2. 从容易做的动作开始　①最稳定位置→最不稳定体位；②人体支撑面积由大→小；③身体重心由低→高；④静态平衡训练→动态平衡训练。

3. 平衡感觉训练　侧卧位，一侧下肢分别向垂直位和水平位方向，进行上下、前后抬起和伸展动作，并在一定空间位置保持数秒。训练肢体的空间位置觉。

十九、翻身练习需要注意什么？

患者取仰卧位，双腿屈曲，双手抓握向前上伸举，左右来回摆动。让患者练习床上左右翻身，这是最基本的躯干功能训练之一。向左侧翻身时，右足用力蹬床，向右侧翻身时，左足用力蹬床，这样有助于翻身（图 11-6）。

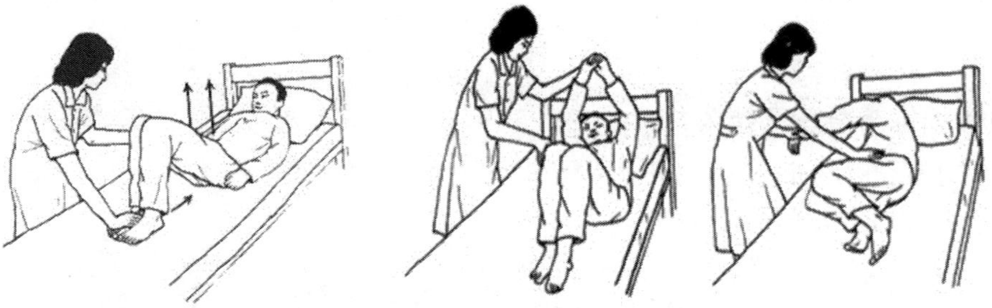

图 11-6　翻身练习

二十、坐起训练需要注意什么？

坐起训练可使患者在坐位时完成进食、穿脱衣服、学习等，提高日常生活的自理能力，为进一步训练打好基础。患者用健侧脚钩住患侧腿的下方，用健侧下肢将患侧下肢抬起并移到床边，用健侧上肢支撑身体，将肘部伸直与健侧腿一起带动身体坐起（图 11-7）。

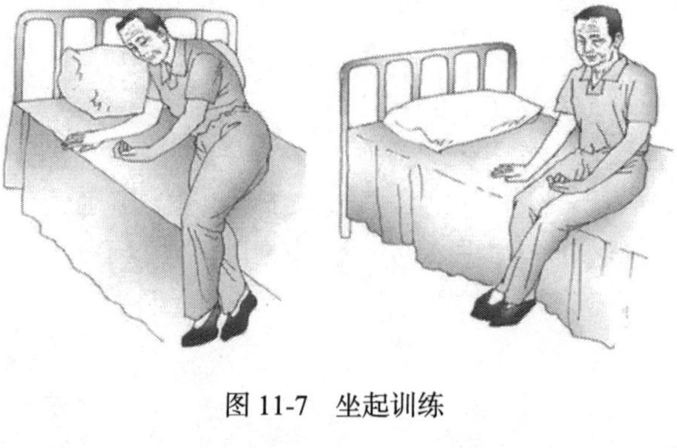

图 11-7　坐起训练

二十一、坐姿训练需要注意什么？

1. 头部、颈部、躯干部左右对称，躯干无扭转现象，患侧肩部不得向后方偏转，躯干伸直。

2. 髋关节、膝关节、踝关节保持 90°屈曲。

3. 臀部尽可能坐在椅子后部，避免躯干后倾。保持双侧臀部均匀负重。

4. 膝关节以下小腿部分保持与地面垂直，避免出现髋关节外展、外旋，患侧踝关节内翻、伸展（图 11-8）。

图 11-8　正确的坐姿

二十二、身体重心前后移动训练需要注意什么？

为了给患者起立做准备，坐位时需要进行身体重心的前后移动训练。患者取坐位，双足与肩同宽，双侧臀部同时负重，双髋、膝关节保持 90°屈曲，双手交叉互握，双侧上肢完全前伸。训练人员引导患者将身体重心向前、后移动（图 11-9）。如此反复训练，直至将患者轻轻推前或者推后不至于倾倒为止。

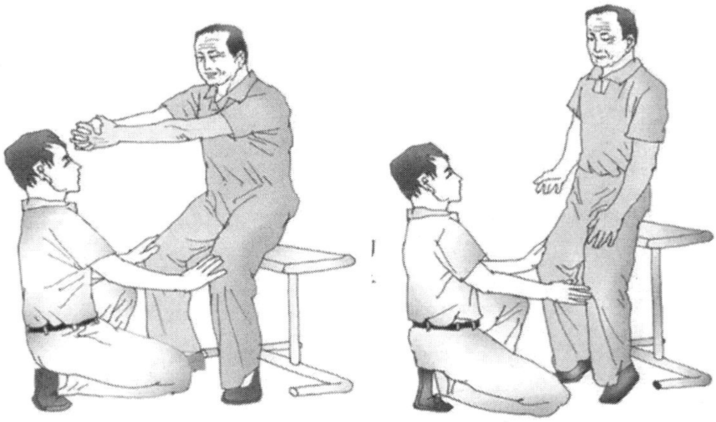

图 11-9　身体重心向前后移动训练

二十三、站立位平衡训练需要注意什么？

借助训练人员，患者不抓扶手的站立，练习前、后、左、右移动身体重心（图 11-10）。

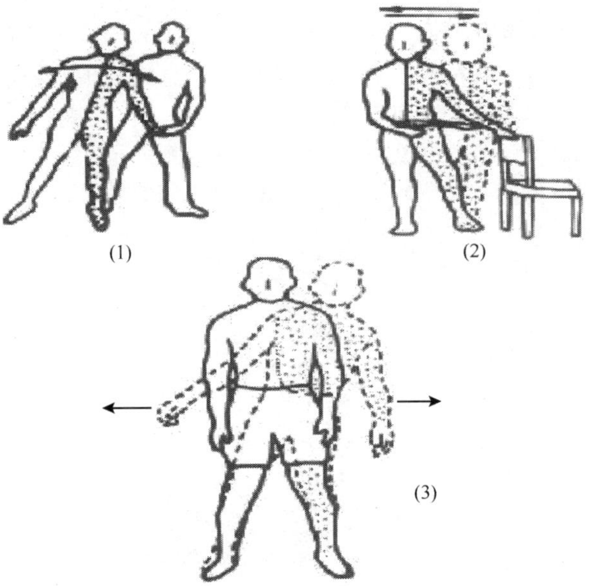

图 11-10　站立位平衡训练

二十四、行走训练需要注意什么?

1. 侧方辅助行走训练：训练人员站在患者患侧，一手握住患者患手，使其掌心向前，另一只手放在患者胸前（图 11-11）。

2. 后方辅助行走训练：训练人员站患者身后，扶住患者胯部，帮助患者平稳行走（图 11-12）。

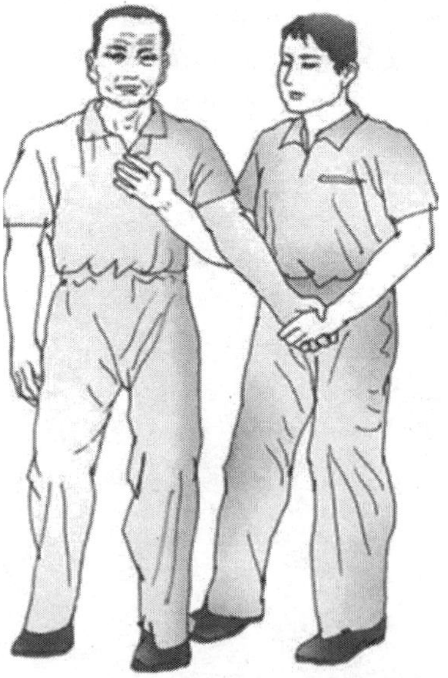

图 11-11　侧方辅助行走训练

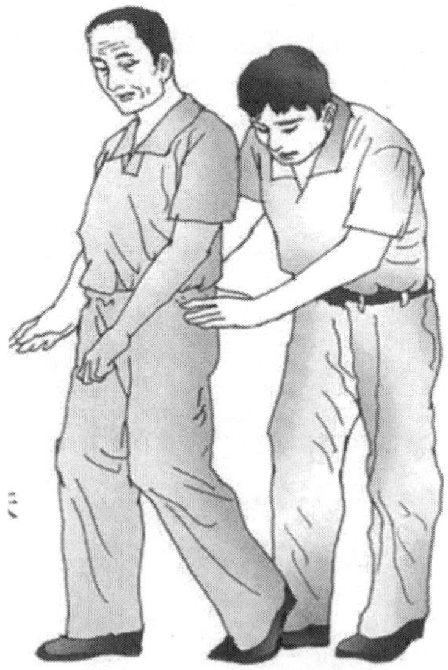

图 11-12　后方辅助行走训练

二十五、肩关节内、外旋需要注意什么?

需要帮助患者进行被动性可动范围的功能活动，由训练者一手扶前臂，另一只手扶肩关节，将患者肩关节前屈、外展，然后再置肩关节外展位时曲肘 90℃，将肱骨进行外旋、内旋被动性功能活动，也可称肩关节内外旋（图 11-13）。

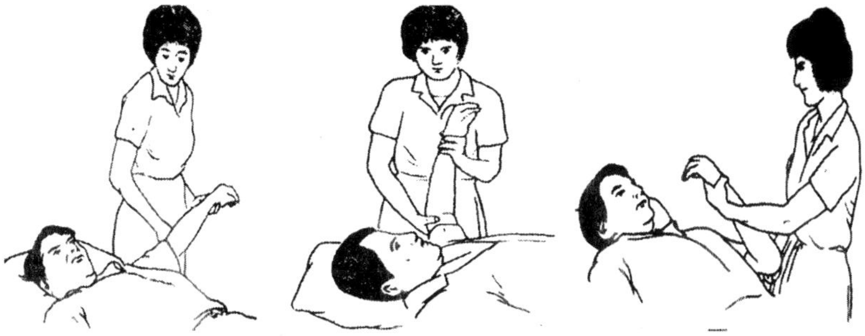

图 11-13　肩关节内、外旋

二十六、前臂内、外旋需要注意什么?

前臂最容易产生旋前位挛缩导致旋后受限，因此，训练者应一手握住患者的患肢手腕，另外一只手固定患肢上臂肘部附近慢慢地做前臂内、外旋活动（图 11-14）。

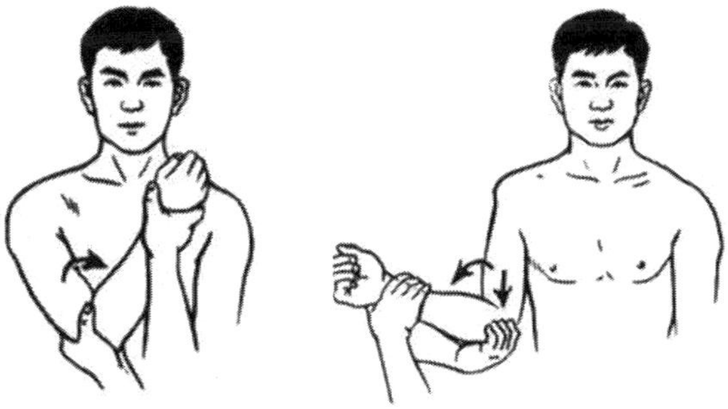

图 11-14　前臂内、外旋

二十七、腕、手指关节活动需要注意什么?

腕关节和手指关节的被动性可动范围功能活动：进行腕关节掌屈、背伸、桡伸、桡偏、尺偏及掌指关节和指间关节的屈伸活动（图 11-15）。要缓慢进行每一个关节的活动，其中掌指关节容易发生伸直位挛缩，给治疗带来困难，尤其是在迟缓期挛缩的危险性最大。应该提示的是指尖关节也同样重要。

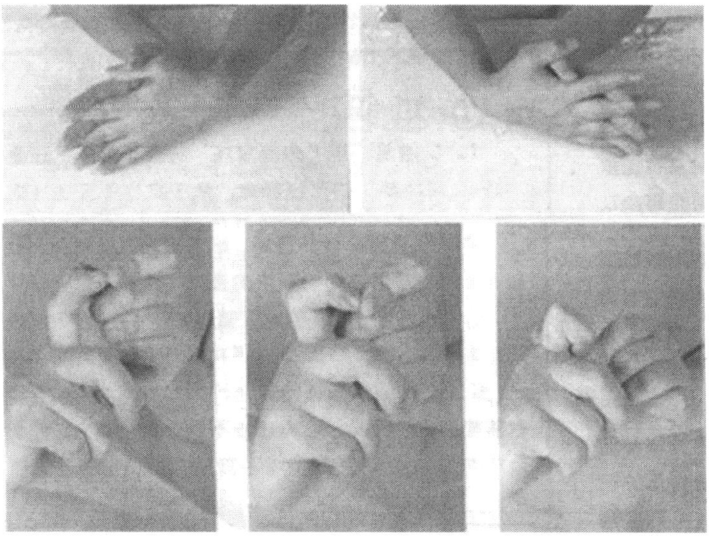

图 11-15　腕关节及手指关节的活动

二十八、上肢关节训练需要注意什么?

1. 组合双手（使患手的拇指在上方），双肘关节屈曲，前臂放于胸前，然后将上肢向患者前方伸直（图 11-16）。鼓励患者反复进行训练，以增进上肢肌力。

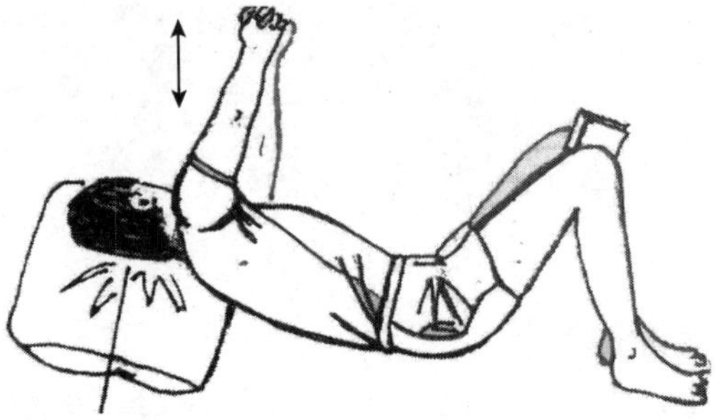

图 11-16　前方上肢关节训练

2. 组合双手（使患手的拇指在上方），双肘关节伸直，前臂放于腹部，然后将上肢向患者头部举起（图 11-17）。鼓励患者反复进行训练，以增进上肢肌力。

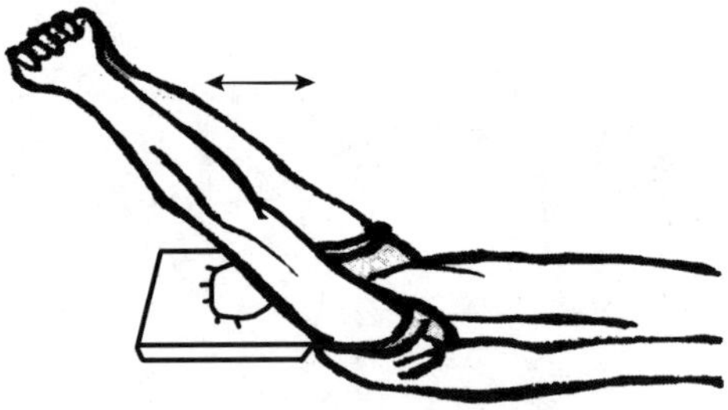

图 11-17　后方上肢关节训练

二十九、牵张训练需要注意什么?

是通过训练者被动牵张患者的肌肉和肌腱，或患者通过自身姿势改变进行主动牵张训练，使肌肉、肌腱和韧带恢复长度、肌张力降低、关节活动度增加的一种训练方法（图 11-18）。

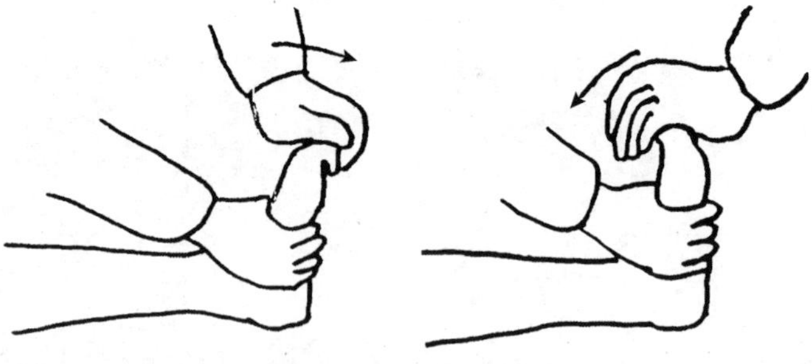

图 11-18　牵张训练

三十、抓握训练需要注意什么?

准备可供患者手掌大小使用的不同大小的沙包或皮球，让患者先进行简单的抓、握训练。患者从体积较大的开始抓握，循序渐进逐渐变小，每次训练 20 次，不可过度训练，以免损伤（图 11-19）。

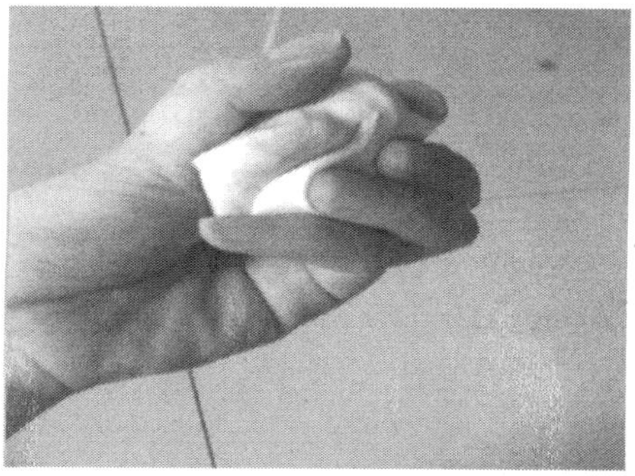

图 11-19　抓握训练

三十一、康复球如何使用?

球被应用到康复理疗中已经有悠久的历史。该疗法主要利用球的物理性能，改善中枢性瘫痪症状，尤其在运动和感知方面，把球作为一种训练用具有其特殊的疗效。对手指、腕关节有很好的训练效果，可用于训练手指肌力，帮助提高手部血液循环（图 11-20）。

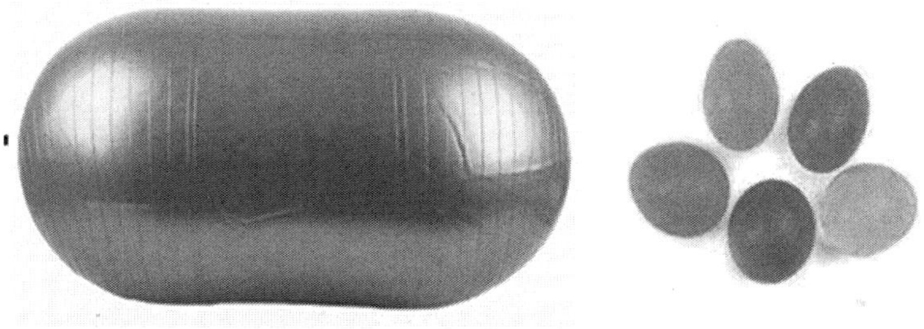

图 11-20　康复球

三十二、分指式手指手腕康复器如何使用?

以患者训练不劳累为主，每次训练 10 次，循序渐进（图 11-21）。

三十三、上肢滑轮吊环训练器如何使用?

使用时患者握住把手，用健侧上肢（正常一侧上肢）带动患侧上肢，来回拉动绳索，进行康复锻炼。可进行肩关节活动范围训练、关节牵引、肌力训练，用于偏瘫的康复治疗（图 11-22）。

图 11-21　分指式手指手腕康复器

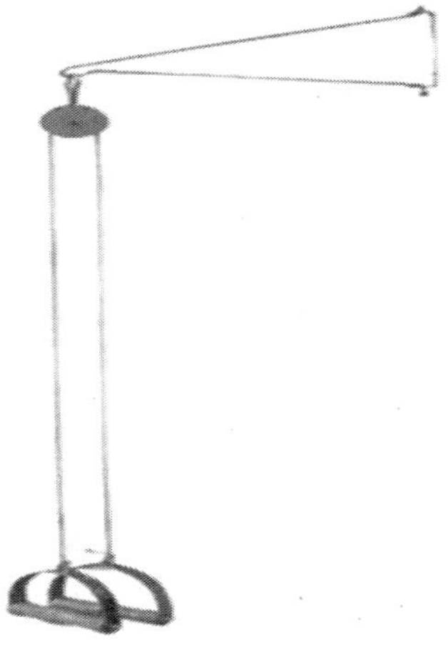

图 11-22　上肢滑轮吊环训练器

三十四、什么是上下肢训练器？

可用于肢体对称性训练，增加关节的活动度，减少痉挛，保持或恢复行走的能力。可促进新陈代谢、血液循环以及肠蠕动，防止深静脉血栓发生和泌尿系感染（图 11-23）。

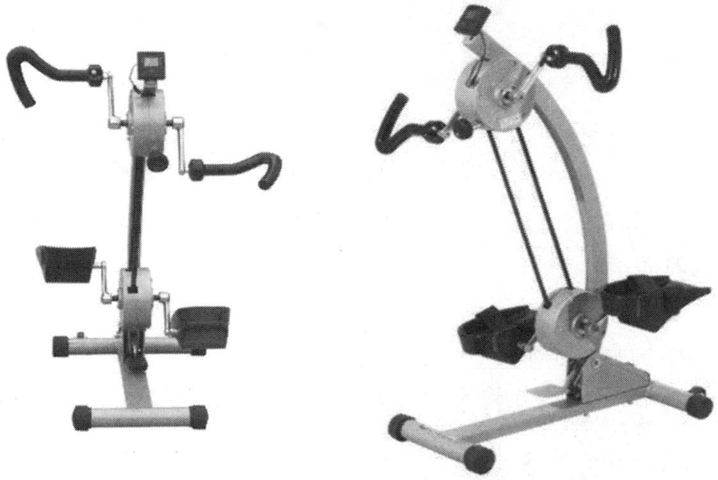

图 11-23　上下肢训练器

三十五、什么是指力训练器？

1. 基本练习　将握力器完全握在掌心，做 1 次手部伸缩练习，先做右手练习再做左手练习，或先健侧后患侧。

2. 加强性练习　在完成基本练习的基础上，只用几个手指握紧握力器，进行同样的伸缩练习动作，用不同的手指交替进行练习（图 11-24）。

图 11-24　指力训练器

三十六、什么是助行器？

助行器就是通过器械的支撑，让腿脚不方便的患者或腿脚不灵活甚至失去行走能力的患者能够自理，进行行走训练甚至能够和正常人一样行走（图 11-25）。

三十七、什么是矫形器？

是指装配于人体四肢、躯干等部位的体外器具的总称，其目的是为了预防或矫正四肢、躯干的畸形或治疗骨关节及神经肌肉疾病并补偿其功能（图 11-26）。

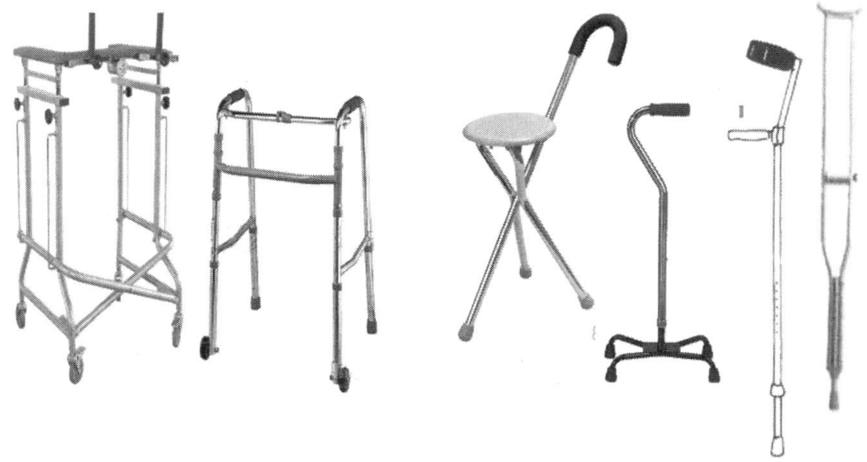

图 11-25　助行器

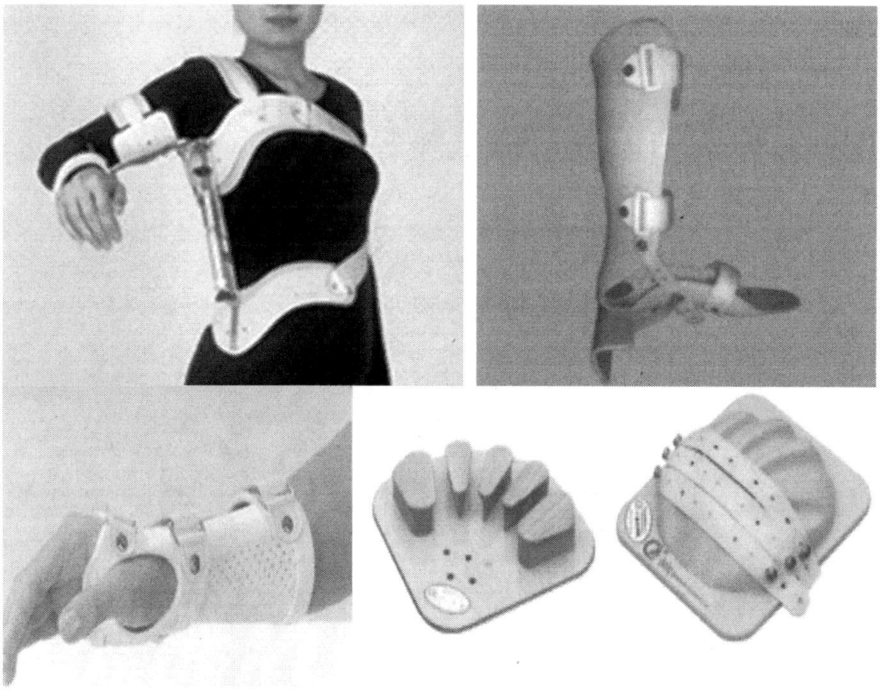

图 11-26　矫形器

三十八、什么是弹力袜?

弹力袜，主要是指医用弹力袜，即医用循序减压弹力袜，是一种具有促进静脉血液回流心脏功能的产品。医用弹力袜在脚踝部建立最高支撑压力，顺着腿部向上逐渐递减。在小腿肚减到最大压力值的 70%～90%，在大腿处减到最大压力值的 25%～45%。压力的这种递减变化可使下肢静脉血回流，有效缓解或改善下肢静脉和静脉瓣膜所承受压力（图 11-27）。

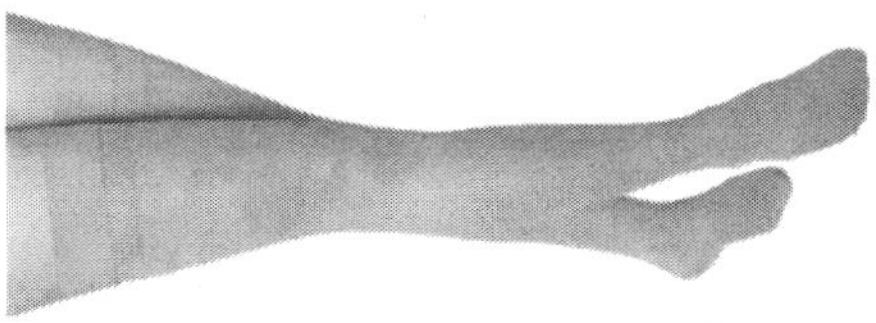

图 11-27　弹力袜

三十九、弹力袜的作用有哪些?

1. 恢复下肢静脉手术后的功能；防止静脉曲张的再次复发。

2. 消除各种手术后的水肿、促进伤口愈合。

3. 消除由静脉曲张、下肢静脉血液回流障碍引起的肿胀、酸痛，使变黑硬化的皮肤逐渐转好，溃疡皮肤愈合；使曲张程度转轻的迂曲静脉恢复原状。

4. 预防长期卧床患者下肢深静脉血栓的形成。

5. 对长时间站立、坐位、重体力劳动者可减轻下肢酸胀不适，预防下肢静脉曲张。

四十、小腿、大腿的周径如何测量？

1. 小腿周径的测量方法 患者取仰卧位，屈膝，双足平放在床上，确定髌骨的位置，于髌骨下缘以下 10cm 处，做好标记，用皮尺围绕小腿测量周径。

2. 大腿周径的测量方法 患者仰卧位，大腿肌肉放松，从髌骨上缘向大腿中段测量一距离（一般取髌骨上缘向上 5、10 或 15cm 处），做好标记，用皮尺围绕大腿测量周径。双下肢直径相差＞1cm 有临床意义。

3. 注意事项 注意每日测量并记录下肢周径，便于治疗前、后比较，以判断疗效及病情进展。测量时，应充分暴露测量部位，使用标准皮尺，同一体位，同一测量部位，先测健侧，后测患侧，以便于比较。测量部位和摆放体位要一致，卷尺松紧要一致。

四十一、什么是气压治疗仪？

空气波压力治疗仪治疗模式为环状压力间歇按摩方式，从第一腔开始，然后到第二腔、第三腔、第四腔，放松、最后再一个循环。通过空气波套筒气囊反复膨胀和收缩作用，对肢体远端的脚部到肢体近端的大腿根部进行均匀有力的挤压（图 11-28）。

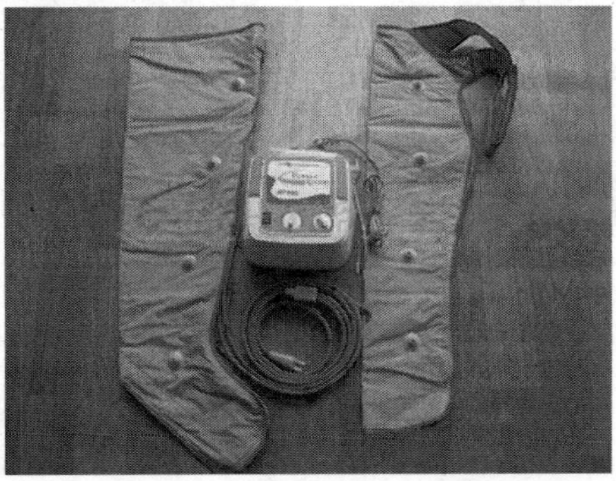

图 11-28 空气波压力治疗仪

四十二、气压治疗的作用有哪些？

1. 空气波压力治疗仪运用环状间歇压力，通过空气波套筒气囊反复膨胀和收缩作用，对肢体远端的脚部到肢体近端的大腿根部进行均匀有力的挤压，可以达到促进肢体血液循环，加速肢体组织液回流，有助于预防血栓的形成、预防肢体水肿。

2. 通过被动均匀的按摩作用，随着血液循环的加速，可以加速血液中代谢废弃物、炎症因子、致痛因子的吸收。可以防止肌肉萎缩，防止肌肉纤维化，加强肢体的含氧量，有助于解决因血液循环障碍引起的疾病（如骨股头坏死等）。

四十三、气压治疗的注意事项是什么？

对已经发生或者可疑发生下肢深静脉血栓的患者禁止使用，应给予肢体制动。因为机械刺激会导致已经形成的栓子脱落，随血流至肺静脉形成肺栓塞，导致患者死亡。

对下肢骨折的患者也禁止使用，否则会增加骨折残端对血管神经的损伤。

四十四、什么是电脑中频治疗仪？

中频脉冲电治疗，是指应用频率为 1000～100 000Hz 的脉冲电流治疗疾病的方法（图 11-29）。

临床常用的有干扰电疗法、调制中频电疗和等幅正弦中频（音频）电疗法3种。近年来，随着计算机技术的应用，已有电脑中频电疗机、电脑肌力治疗机问世，并应用于临床。

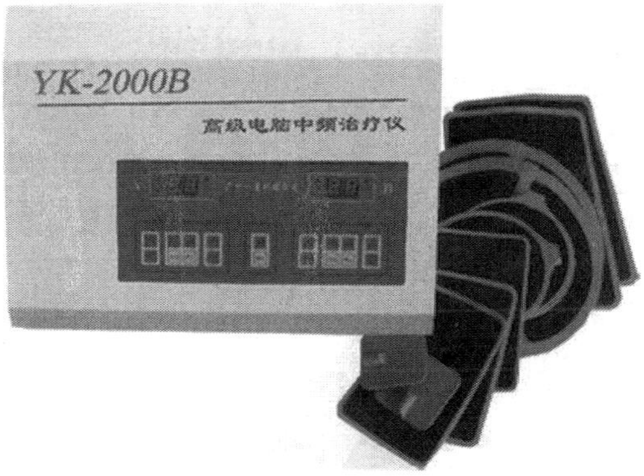

图11-29　电脑中频治疗仪

四十五、中频治疗的作用有哪些？

1. 止痛作用　中频电的止痛作用以低频调制的中频电流最显著，治疗后使局部痛阈增高。其止痛作用有即时止痛作用和后续止痛作用。

2. 促进血液、淋巴循环　50～100Hz 低频调制的中频电流有显著促进局部血液和淋巴循环的作用，可使小血管、毛细血管、淋巴管扩张。作用后可见局部开放的毛细血管数目增多现象。

3. 对骨骼肌的作用　可使骨骼肌产生收缩活动。电流作用深度较大，因此常用于锻炼骨骼肌。

4. 软化瘢痕和松解粘连的作用　等幅正弦中频电流有软化瘢痕和松解粘连的作用。

参 考 文 献

陈利芬，成守珍，2013.专科护理常规[M].广州：广东科技出版社.

陈艳丽，苏伟兵，2015.癫痫病人的综合护理[J].大家健康（学术版），9（20）：259-260.

丁自海，2007.人体解剖学[M].北京：中国科学技术出版社.

董淑坤，2011.脑室穿刺引流术护理[J].中外健康文摘，8（13）：342-343.

杜春萍，梁红锁，2014.康复护理技术[M].北京：人民卫生出版社.

杜文晶，2014.护理干预在预防脑出血患者并发症中的应用[J].工企医刊，（3）：16-17.

高春锦，2008.高压氧医学基础与临床[M].北京：人民卫生出版社.

胡佳，司洋，刘凌，2012.中国西部地区 321 例癫痫患者预后的多因素分析[J].西部医学，24（2）：71-75.

贾建平，2010.神经病学[M].6 版.北京：人民卫生出版社.

贾灵芝，2012.实用 ICU 护理手册[M].北京：化学工业出版社.

康非吾，2012.三叉神经痛[M].北京：人民卫生出版社.

康鹏，王双义，肖文林，2013.三叉神经痛的诊断和治疗进展[J].中华临床医师杂志（电子版），（24）：11816-11820.

李津，李桂玲，2013.康复护理学[M].南京：江苏科学技术出版社.

李麟荪，徐阳，林汉英，2015.介入护理学[M].北京：人民卫生出版社.

梁燕冰，关常青，梁庆元，2010.成人癫痫持续状态的急救护理[J].护理实践与研究，7（9）：39-40.

凌峰，缪中荣，2003.缺血性脑血管治疗学[M].南京：江苏科学技术出版社.

刘合玉，2009.神经康复科常见病诊疗方法图解[M].郑州：郑州大学出版社.

刘新峰，2012.脑血管病介入治疗学[M].2 版.北京：人民卫生出版社.

卢倩，郝晓婷，鄢波，2013.国际抗癫痫联盟耐药癫痫新定义专家共识在发展中地区的应用[J].华西医学，28（1）：29-32.

毛露露，安毅，王松，2012.综合导管室介入护理学基础[M].青岛：中国海洋大学出版社.

毛燕君，许秀芳，李海燕，2013.介入治疗护理学[M].2 版.北京：人民军医出版社.

欧尽南，2009.专科护理领域培训全书：介入治疗分册[M].长沙：湖南科学技术出版社.

潘文龙，2015.神经介入治疗护理学基础[M].北京：军事医学科学出版社.

冉华，2014.内科护理速记宝典[M].北京：人民军医出版社.

沈勇，2014.三叉神经痛临床诊断及治疗方法分析[J].当代医学，（7）：10-12.

唐敏，2013.腰穿持续外引流术的观察与护理[J].齐齐哈尔医学院学报，34（17）：2637-2638.

唐雪敏，余珍东，王弋，2012.颅内血肿微创清除术 1 例护理体会[J].中国医药指南，（35）：337-338.

陶子荣，戴玉，2014.神经内科护理查房手册[M].北京：化学工业出版社.

王丽华，2009.神经内科护理[M].北京：人民军医出版社.

王明明，靳建明，张宗礼，2011.脑脊液置换术治疗脑出血破入脑室系统的临床观察[J].陕西医学杂志，40（4）：499-500.

王学峰，肖波，洪震，2010.癫痫持续状态的诊断和治疗[M].北京：人民卫生出版社.

肖淑萍，2010.介入治疗与护理[M].北京：中国协和医科大学出版社.

尤黎明，吴瑛，2012.内科护理学[M].5 版.北京：人民卫生出版社.

曾庆银，2015.丙球蛋白联合甲基强的松龙治疗急性格林巴利的临床疗效观察[J].医药与保健，（2）：84.

翟静静，2015.腰椎穿刺术的配合及护理[J].饮食保健，2（8）：120-121.

张锋，刘波，周庆九，2014.颅内压监测的临床应用：争议与前景[J].中国组织工程研究，18（18）：2945-2952.

张利岩，管晓萍，武化云，2011.神经介入治疗临床护理实用手册[M].北京：人民军医出版社.

张通，2011.神经康复治疗学[M].北京.人民出版社.

张谊，张雅琴，高娜，2010.应用气压式血液循环驱动泵预防关节炎置换术后深静脉血栓形成的护理[J].中国现代护理杂志，16（4）：417.

赵星辉，贺茂林，2010.动脉溶栓后造影剂渗出的诊断和治疗研究[J].山东医药，50（28）：97-98.

中华医学会外科学分会血管外科学组，2012.深静脉血栓形成的诊断和治疗指南（第 2 版）[J]. 中华外科杂志，50（7）.

周更苏，李福胜，2010.康复护理技术[M].武汉：华中科技大学出版社.

周宏珍，石红梅，2013.神经内科护理细节问答全书[M].北京：化学工业出版社.

Amir Qaseem，Linda L. Humphrey，Mary Ann Forciea，et al，2015. Risk assessment and prevention of pressure ulcers：a clinical practice guideline from the American College of Physicians[J]. Ann Intern Med，162（5）359-369.

Amir Qaseem，Linda L. Humphrey，Mary Ann Forciea，et al，2015.Treatment of pressure ulcers：a clinical practice guideline from the American College of Physicians[J]. Ann Intern Med，62（5）:370-379.

Carolee J. Winstein，Joel Stein，Ross Arena，et al，2016. Guidelines for adult stroke rehabilitation and recovery: a guideline for healthcare professionals from the American Heart Association/American Stroke Association[J]. Stroke，47.

Felice AD，Beghi E，Boero G，2010.Early versus late remission in a cohort of patients with newly diagnosed epilepsy [J]. Epilepsia，51（1）：137-142.

Gordon H. Guyatt，Elie A. Akl，Mark Crowther，2012.2012ACCP antithrombotic therapy and prevention of thrombosis，9th ed：American College of Chest Physicians evidence-based Clinical Practice Guidelines [J].Chest，141：2.

Kwan P，Arzimanoglou A，Berg A，et al，2010. Definition of drug resistant epilepsy：consensus proposal by the ad hoc task force of the ILAE commission on therapeutic strategies[J]. Epilepsia，51（6）：1069-1077.